Desafiando
AL FUTURO

Desafiando
AL FUTURO

Alfonso Cotero

Copyright © 2011 por Alfonso Cotero.

Número de Control de la Biblioteca del Congreso de EE. UU.:   2011923909
ISBN: Tapa Dura   978-1-6176-4680-5
                Tapa Blanda   978-1-6176-4682-9
                Libro Electrónico   978-1-6176-4681-2

Todos los derechos reservados. Ninguna parte de este libro puede ser reproducida o transmitida de cualquier forma o por cualquier medio, electrónico o mecánico, incluyendo fotocopia, grabación, o por cualquier sistema de almacenamiento y recuperación, sin permiso escrito del propietario del copyright.

Este Libro fue impreso en los Estados Unidos de América.

DISEÑADOR DE LA PORTADA: JOSÉ MONTES ANDRADE
TEL. (354) 542 4344

Para pedidos de copias adicionales de este libro, por favor contacte con:
Palibrio
1663 Liberty Drive, Suite 200
Bloomington, IN 47403
Llamadas desde los EE.UU. 877.407.5847
Llamadas internacionales +1.812.671.9757
Fax: +1.812.355.1576
ventas@palibrio.com
338603

ÍNDICE

Prólogo...13

Una familia feliz...19

El deseo de saber..23

Principia la formación académica...34

Tratando de superar algunos problemas de la familia............48

En busca de la sabiduría...51

Reflexiones a cerca del futuro de los hijos..............................79

Pláticas de familia..121

Finaliza la primera etapa de formación académica...............140

Las vacaciones...172

Fin de las vacaciones y el regreso a casa...............................216

ÍNDICE

DESAFIANDO AL FUTURO

L A EDUCACIÓN LLEGA a todos los seres desde distintas fuentes, siendo la principal la que proviene de los progenitores. Los humanos tenemos además, el aleccionamiento que recibimos de los maestros en los institutos educativos, básicamente éstos dos establecimientos son los que juegan el papel más importante en el desarrollo humano. La educación en ambas instituciones—algunas veces y en algunos lugares—es lamentablemente pobre, y falta de responsabilidad. Señalan algunos pensantes que este es uno de los factores que ocasionan la corrupción y la inseguridad en nuestro País.

Cuando un sistema educativo es pobre y mal configurado se desequilibra con mucha facilidad; en cambio, cuando se educa a la niñez con bases firmes y fuertes, aún en situaciones muy difíciles, sería casi imposible desequilibrarlo.

Necesitamos valernos de las dos instituciones más importantes en el desarrollo humano para configurar esa educación que nos lleve a hacer los cambios necesarios, y así poder desafiar al futuro incierto que nos espera.

ALFONSO COTERO

¿Por qué actuamos como actuamos?

No lo sabemos.

Si en la etapa de la vida adulta investigásemos un poco, nos daríamos cuenta de que todo tiene su principio en la familia.

Es en los primeros años de existencia en el seno familiar cuando aprendemos las costumbres y el modo de actuar no sólo de la familia, sino de la sociedad en general.

Además, para poder romper la barrera de todo aquello que nos fue inculcado equivocadamente, y poder trascender, es necesario pisar sobre el terreno firme de la experiencia.

Las experiencias son lecciones sabias que podemos y debemos aprender para poder hacer los cambios necesarios en la vida.

DEL AUTOR

ALFONSO COTERO NACIÓ en Los Reyes, estado de Michoacán en el año 1928. Su educación primaria la obtuvo en una escuela privada de la localidad. A la edad de 12 años, sus padres lo enviaron a continuar sus estudios secundarios a la ciudad de Guadalajara, Jalisco, los cuales no terminó. Años más tarde emigró a Los Estados Unidos donde finalizó esta etapa de su educación.

Fue después de su retiro, y ya en los últimos años de su existencia, que decidió escribir un libro, no con el fin de crear una obra literaria, sino más bien con la idea de aportar en beneficio de la sociedad aquellos aprendizajes y experiencias que la vida le diera.

Teniendo en mente lo difícil de la vida en nuestros días, y considerando que vivimos una etapa de inseguridad debido a la corrupción que impera no sólo en el gobierno, sino dentro de la sociedad misma, el autor cree que si nos concentramos en mejorar el funcionamiento de la familia, y la educación de los hijos dentro de la misma, así como también en los centros educativos, las cosas podrían mejorar.

RECONOCIMIENTOS

DESEO EXPRESAR MI sincera y profunda gratitud a la Sra. Alicia Quintana, quien gentilmente no sólo me asesoró en la estructuración de este libro, sino que tuvo la amabilidad de guiarme con valiosas orientaciones, y dedicarme todo el tempo que fue necesario para la conformación de la presente obra.

Quiero también dar las gracias a mi querida sobrina Ana Celia, a quien quiero mucho, y a todas aquellas personas que me ayudaron con sus ideas y consejos, y, sobre todo, me brindaron el apoyo moral que me dio la fuerza necesaria para la culminación del presente trabajo

PRÓLOGO

ESTE LIBRO HA sido escrito con la idea de orientar a esos seres que se encuentran perdidos en el oscurantismo del no saber, de no saber el porqué de las cosas que pasan en sus vidas; que luchan desesperadamente en busca del conocimiento, de una luz que los guíe, que los oriente y los conduzca en el difícil sendero de la vida; y así, por medio de la luz que da el conocimiento, puedan encontrar el camino de la verdad, que es el que les dará seguridad y certeza. Esta luz los iluminará, los ayudará a ver con mayor claridad los retos de la vida y los conducirá a encontrar soluciones más inteligentes a todos sus problemas.

El objetivo principal será hacer comprender al lector el porqué de los pensamientos que nos agobian y nos inducen a actuar en la forma que lo hacemos en la vida adulta. A veces pienso, ¿será esto por el constante bombardeo que recibimos de los mensajes culturales que nos fueron enseñados en la niñez y que ahora empiezan a surgir? ¿O acaso será el instinto de maldad que ya llevamos algunos humanos?

Generalmente todo lo que aprendemos en los primeros años de vida, tiene sus raíces en el seno familiar; en el hogar es donde inicia el aprendizaje que sentará las bases de nuestro futuro comportamiento.

Cuando la educación que se nos imparte en la infancia es errónea o equivocada, traerá consigo graves consecuencias en la niñez; todos los traumas que experimentamos en la adolescencia y la juventud se originan en esa etapa de la vida; son los padres los que deberán ser conscientes de que todo aquello que van a inculcar a sus hijos sea lo correcto y esté siempre basado en la verdad.

Es en esos años difíciles de la adolescencia y la juventud es cuándo debemos de comprender y entender que algunas de las enseñanzas que nos fueron impartidas no son verdades absolutas, sino que fueron impresas en nuestras mentes sin pensar siquiera si eran buenas o malas, por ende, tendremos la oportunidad de hacer algunas enmiendas.

Una vez que percibamos esos conceptos equivocados podremos sobreponernos y aceptar que todas esas ideas erróneas que llevamos dentro, y que se nos impusieron por el sólo hecho de que eran las costumbres que se observaban en la familia y en la sociedad en esa época, esto nos dará la capacidad de ver con mayor claridad las cosas para saber distinguir entre lo bueno y lo malo, formando así un criterio propio que nos dará la habilidad de comprender y ver con más claridad la realidad de la vida; al mismo tiempo nos hará más sensibles, y seremos capaces de tener compasión de nuestros semejantes y de nosotros mismos.

La familia es la única institución que puede hacer un cambio profundo en el comportamiento de la sociedad humana. En la familia es donde se tiene que trabajar arduamente para lograr hacer posible ese cambio radical que la sociedad tanto necesita.

Si nosotros, como sociedad, no somos capaces de cambiar el ritmo acelerado de decadencia en el que ha caído la humanidad, nuestro camino está trazado: vamos directo al caos y el auto destrucción. Toda esperanza de cambio deberá estar puesta en los padres, que son los pilares de la familia; son los padres en quienes recae la responsabilidad de educar y dar formación a los hijos.

Es necesario instruir y educar a los padres en el manejo y conducción de la familia; tratar de iluminar el camino de todos esos seres que recientemente han formado un nuevo hogar, y hacerlos conscientes de la gran responsabilidad que han adquirido en su nuevo estado.

La forma más fácil de ayudar a todos esos seres que recién han contraído matrimonio es hacerlos conscientes de los retos que les esperan en su nuevo estado de vida, a efecto que no vayan a ser parte de la crisis que afecta a la gran mayoría de las familias.

Con el fin de enseñar y hacer comprender la gran responsabilidad que han adquirido los consortes, es necesario tomar como ejemplo a un matrimonio común y hacer de ellos la pareja ideal. Un matrimonio cuyo comportamiento impecable pueda servir de guía, del cual puedan aprender la forma de conducirse en su nuevo estado. Al mismo tiempo podrán aprender el manejo de la familia y la formación de los hijos; en fin, todo lo relacionado con las obligaciones adquiridas en la formación de esta nueva familia.

Para hacer realidad esta pareja ideal hemos recurrido a nuestra creatividad y dejar que ésta sea nuestra guía. Después de rebuscar en la imaginación por unos instantes, configuramos a ese matrimonio modelo que llena los requisitos deseados para la realización del presente libro. Esta feliz pareja está formada por el Sr. Andrés Cortazon y la Sra. Margarita Cortazon; procrearán tres hijos, de los cuales el mayor, de nombre Amado, será uno de los actores principales del presente libro.

Seguiremos a este pequeño personaje desde su infancia hasta la adolescencia. Veremos cómo sus padres dialogan entre sí, tratando de encontrar la mejor forma de dirigir a este pequeño y guiarlo por el camino correcto que lo conduzca a realizarse como persona responsable, justa y honesta.

A muy temprana edad, en la niñez, es cuando nuestros padres dan principio a cumplir con su tarea de educarnos, imponiendo en nosotros algunas reglas que tenemos que observar. Por lo general no se nos explica el porqué de este reglamento, solo se nos dice: Tienes que hacer esto, o no tienes que hacer aquello. Nosotros, por lo general, hacemos todo lo que se nos ordena sin cuestionarlo.

Esta falta de explicación amplifica nuestra curiosidad de saber el porqué de todas las cosas.

Todas las inquietudes y preguntas empiezan a aparecer en esta etapa y continuarán hasta muy avanzada la niñez, y aún en la juventud, persistiendo las más de las veces hasta en la vida adulta. Son todas estas interrogantes las que, por medio del diálogo entre los personajes involucrados en este libro, el autor tratará de iluminar el camino a seguir, que pueda ayudar al lector a encontrar respuestas lógicas con las cuales dé forma a su propio criterio.

DESAFIANDO AL FUTURO

DESAFIANDO
AL FUTURO

UNA FAMILIA FELIZ

ANDRÉS Y MARGARITA son dos personas física y mentalmente sanas. Desde aquel día en el que unieron sus vidas en el matrimonio han procreado tres hijos: dos niños y una niña.

En el lapso comprendido entre el embarazo y el alumbramiento de su primer hijo, todas sus pláticas están siendo dirigidas hacia un mismo fin: El cómo educar a sus hijos. Echan mano de todo lo habido y por haber, buscan incansables, tratando de encontrar fuentes de sabiduría que los iluminen para ver con claridad el camino a seguir en la educación de los hijos; tan pronto uno de ellos encuentra algo nuevo, hace partícipe de sus hallazgos al otro.

La mayor preocupación de ambos cónyuges es no sólo educar y dirigir a los hijos por el buen camino, sino encontrar la forma de concientizarlos y hacerlos comprender que deben estar siempre alerta de lo que está pasando a su alrededor, listos para luchar contra el mal.

Esta pareja es consciente de que los males que tanto aquejan a la humanidad dan principio en la familia, y, sin lugar a duda, los primeros años de existencia son importantísimos en todo ser humano. Esto es lo que los hace pensar y buscar por todos los medios a su alcance el camino a seguir en esta tan difícil y compleja etapa de la vida. Saben perfectamente que la responsabilidad es algo imprescindible en la educación y formación de los hijos; por tal motivo, tratarán de fomentar e inducir a sus hijos a que sean seres responsables.

Ellos son personas conscientes de todo lo que está sucediendo, no sólo en su comunidad, sino en todo el mundo. La maldad, la avaricia, la falta de honestidad y la injusticia son los causantes del miedo y la inseguridad que está viviendo la humanidad en nuestros días.

Los recién casados, Andrés y Margarita, saben perfectamente bien que ahora, cuando esperan a su primer hijo es el tiempo correcto de planear todo lo concerniente a su educación para que crezca y se desarrolle física e intelectualmente sano.

Piensan en todo: la escuela, los profesores, el ambiente en el que ellos quieren que crezca; por tal motivo tendrán que hacer mucho trabajo de investigación, aunque son perfectamente conscientes de que el hogar es el punto de partida, la familia es donde todo empieza; por ende, tendrán que asegurarse de que en la familia todo marche bien, y pueda brindar a sus hijos el ambiente adecuado para su formación y desarrollo.

Por las noches hacen planes y sueñan; sus mentes están llenas de ilusiones, pensando siempre en el futuro de sus hijos. Algunas veces, al iniciar la conversación, Andrés dice: Mi amor, tenemos que ser conscientes de todo lo que enseñemos a los niños en sus primeros años de vida. Todo lo que aprendan en este corto periodo, perdurará por el resto de su existencia.

Aquí es cuando inicia, cuando da principio la acumulación de ese gran tesoro: el tesoro de la sabiduría.

Nosotros, como progenitores de las inocentes criaturas que vamos a traer a este mundo, tenemos la responsabilidad y el deber de iniciarlos en la creación de ese tesoro, que empieza con poco y paulatinamente va creciendo hasta convertirse en una riqueza de incalculables dimensiones: la SABIDURIA. Esta trae consigo el conocimiento de la gran mayoría las cosas que nos rodean; además, nos sirve de base, de apoyo, para poder ir a lo más profundo de nuestra imaginación en busca de lo desconocido y hacer descubrimientos jamás soñados. Con este valiosísimo tesoro en su haber serán capaces de conquistar el universo.

Debemos tener siempre presente lo importante que es examinar cuidadosamente todo aquello que vamos a inculcarles, y no cometer errores que en el futuro pudieran causar trastornos mentales en nuestros hijos.

La realidad de la vida es la misma para todos, sólo varía de acuerdo a la forma en la que cada persona percibe las cosas; la percepción juega un papel muy importante, es la que hace la diferencia de ver las cosas distintas entre las personas. Si nosotros planeamos y estamos muy al pendiente que nuestros hijos crezcan con una percepción bien equilibrada, lo más cercano posible a la realidad, todo marchará bien en su vida de adultos.

—Mi vida, todo lo que dices me parece muy bien, pero: ¿seremos capaces de realizar y convertir en realidad todos estos sueños? Yo lo veo un poco difícil, aunque no imposible. Lo primero será tener los hijos, para después poner en práctica nuestros planes. ¿No crees?

—Desde luego que sí, querida; los hijos tienen que venir primero, pero hay que tener planes para poder realizarlos; si no planeamos el futuro, ¿qué podemos esperar de él? Nada, absolutamente nada. Sólo estaremos expuestos y obligados a aceptar todo lo que el destino nos depare. Bien sea esto bueno o malo, será lo único que recibiremos; en cambio, si tenemos un plan bien definido, por lo menos tendremos algo a nuestro favor por lo cual luchar. Con fe y esperanza hay mejores probabilidad de convertir todos esos sueños ya planeados en realidades.

—Esto quiere decir que estamos en lo correcto y vamos por el buen camino—dice Margarita—. Para lograr cualquier cosa que queramos realizar hay que planear primero. ¿No es así?

—Sí . . ., Sí . . ., querida. Si planeas algo, lo más probable es que lo hagas realidad y tengas éxito al ejecutarlo. Recuerda aquella frase que dice: "NOSOTROS SOMOS LOS ARQUITECTOS DE NUESTRO PROPIO DESTINO". Un arquitecto siempre hace planos de lo que va construir. Una vez terminados los planos, tendrá que seguir paso a paso las instrucciones e indicaciones ahí forjadas para concretar lo que va a construir

Hemos hecho toda clase de investigaciones, y con todos los datos recabados llegamos a la conclusión de que lo que vamos a forjar en la mente de nuestros hijos es lo mejor y lo más correcto. Así, ya con la certeza y la convicción de que lo que vamos a imprimir en sus mentes es lo mejor, todo lo que tenemos que hacer es poner en práctica lo ya planeado y esperar a ver los resultados de nuestra obra.

Por fin. El tan esperado primer hijo hace su arribo a este mundo. Los nuevos padres, como es natural, pasan la mayor parte de los primeros días y meses embelesados, contemplando, acariciando y mimando al recién llegado. Lo alimentan, lo cuidan y protegen, siempre acariciando la idea de convertirlo en un ser digno del cual puedan estar orgullosos. Tienen la certeza, no hay ni un ápice de duda en sus pensamientos, que si logran hacer lo planeado de educarlo, guiarlo y moldearlo correctamente, llegará a ser una persona responsable y justa.

El tiempo sigue su marcha. Después del primer hijo, Amado, Margarita se embaraza nuevamente. Ellos siguen felices planeando el futuro de su familia, y no sólo haciendo planes, sino poniéndolos en práctica.

Después del alumbramiento del segundo hijo, que es una niña, Amariza, la Sra. Cortazon concibe su tercero y último hijo, Justo Andrés, completando así la familia con la que tanto soñaban. Durante los siguientes años después de la llegada del primogénito, todo su tiempo disponible lo dedica a poner en práctica todo lo ya planeado; sin olvidarse, de algo que es muy importante en todo matrimonio, mantener la llama del amor encendida, ya que ésta es la que les dará el valor, el ánimo y la convicción para mantenerse firmes en el cumplimiento de sus deseos: proporcionar a sus hijos ese hogar lleno de amor y ternura, ese lugar armonioso y maravilloso en el cuál puedan crecer fuertes y sanos.

EL DESEO DE SABER

AMADO YA ES un niño, de escasos seis años. A pesar de su corta edad, posee una gran capacidad mental. Además de ser muy inteligente, tiene la extraordinaria cualidad de ser muy observador. Al examinar las cosas lo hace en una forma muy minuciosa, no como lo hacen la gran mayoría de los niños de su edad. Ve las cosas desde un punto de vista más profundo, en una forma inquisitiva, como preguntándose a sí mismo: ¿esto? . . . ¿Qué es? . . . . ¿Qué significará? . . . ¿para que servirá? Todo lo examina minuciosamente, esperando encontrar una respuesta adecuada a todas esas preguntas.

Después de estudiar detenidamente las cosas, pensar por unos instantes y no encontrar en su infantil mente ningún dato que le indique su significado, se siente frustrado. Las preguntas surgen constantemente, las respuestas no llegan. Esto lo preocupa. Su mente empieza a girar como un torbellino que lo incita y empuja a seguir buscando el porqué de las cosas.

Al hacerse tantas preguntas y no encontrar respuesta, se siente decepcionado. No sabe o no comprende que en esta etapa de la vida todo es así; todo tiene interrogante y no respuesta; que las respuestas empezarán a surgir una vez que empiece a tener uso de razón. Todas las cosas en esta vida tienen un significado y una razón de ser. Para él, a su corta edad es sumamente difícil encontrar soluciones adecuadas que le den significado a todas aquellas incógnitas que tan frecuentemente aparecen en su mente infantil.

Fija su atención en todo lo que ve: los árboles que, con sus follajes frondosos, nos protegen de los abrasadores e inclementes rayos solares, cubriéndonos con su sombra protectora; las flores, que tan bellamente adornan nuestros campos; los pájaros, que con su gorjear alegran nuestra existencia. Aun sin entender el motivo, a él le fascina todo esto: el amanecer de cada nuevo día que trae consigo la alegría que representa un día más en la existencia; ese nuevo día, que siempre viene acompañado de la esperanza de comprender y entender mejor la vida, un futuro que nos haga disfrutar de todas las maravillas que la naturaleza nos brinda.

Si él pudiera por lo menos imaginar la naturaleza en todo su esplendor, quedaría fascinado; desafortunadamente, a esa temprana edad es imposible: tendrá que conformarse con tan sólo pensar que algún día será capaz de comprenderlo todo.

Todo lo que ve y observa es prácticamente nuevo para él. Todo tiene interrogante, mas no respuesta; todo es extraño; le causa inquietud no saber el porqué de las cosas; en lo más profundo de su ser hay algo que lo hace comprender, algo que le dice—el subconsciente—que todo debe tener un significado y toda pregunta debe tener una respuesta. Así, con todas estas ideas, y sin darse cuenta de lo que está ocurriendo dentro de sí, ha iniciado el arduo y difícil camino del conocimiento.

Todas estas inquietudes que lo acechan y lo agobian han hecho despertar en él el deseo de saber. Esto es lo que lo motiva para emprender el camino hacia ese océano infinito lleno de sabiduría, que se encuentra en la mente de todos y cada uno de los seres humanos.

El camino de la vida es el sendero que abrimos en ella y da principio el día en que nacemos. En el instante en que hacemos nuestra aparición en este mundo comienza nuestra caminata. Este sendero es un camino que tenemos que recorrer a pesar de todos los tropiezos y obstáculos que nos esperan. Si pudiéramos ver el futuro y supiéramos lo difícil que es este camino y todos los problemas que vamos a enfrentar, aun así tendríamos que recorrerlo.

Es natural que todos los sufrimientos y vicisitudes sean recompensados con momentos maravillosos llenos de felicidad. Esa es la ley de la vida: todas nuestras congojas tienen su recompensa—no hay mal que por bien no venga—. Todo lo que principia tiene que terminar. No es sino hasta cuando tenemos uso de razón que empezaremos a darnos cuenta que somos seres vivientes y que estamos bajo el control de este principio.

Tenemos cierto control en nuestras vidas; por tal motivo queremos tener el conocimiento necesario para saber lo que nos perjudica o lo que nos beneficia. Aquí es donde despierta el deseo de saber; deseamos conocer el porqué de todas las cosas para poder elegir entre lo bueno y lo malo, lo que nos puede dar alegría o malestar.

Para Amado, y su infantil mente, es un problema de incalculables proporciones. Piensa, trata de encontrar dentro de sí mismo algo que lo ilumine, algo que lo haga comprender la respuesta a todas estas incógnitas que constantemente aparecen en su pensamiento. Él no comprende, no se da cuenta debido a la falta de conocimiento. El conocimiento es el que lo ayudará a comprender el porqué de todas las cosas.

Tendrá que esperar algún tiempo, y, cuando menos lo espere, tendrá pleno uso de razón. Entonces, todo lo que tendrá que hacer será un pequeño esfuerzo para encontrar por dónde empezar a dar solución a todas esas incógnitas que por tanto tiempo ha venido arrastrando. Además, con la ayuda del raciocinio le será más fácil encontrar aquello que tanto ha deseado.

Lo que sí puede hacer es tratar de mantener su percepción siempre alerta, y aprender todas las lecciones que la vida le dé. Este solo hecho lo conducirá a llevar una vida mejor. Los problemas empiezan cuando cometemos un error, no por el hecho de haberlo cometido—lo hecho,

hecho está—sino por no aprender lo que teníamos que haber aprendido de dicho error.

Amado hace un gran esfuerzo en pos de la sabiduría; pone toda su atención a las conversaciones de las personas adultas, pero por más que se concentra y trata de entender las pláticas o el significado de éstas, no lo logra.

Cada vez que escucha algo nuevo que no entiende o no comprende, se queda nuevamente perplejo, pensando, meditando, sobre lo que acaba de escuchar, al no encontrar nada que le muestre el significado de lo que recién arribó a sus oídos, tiene la idea de creer que todo en esta vida es un misterio; al parecer, todo tiene interrogante y duda. No acepta esta idea. Al no aceptarla, invaden su mente un sinnúmero de pensamientos, los cuales traen consigo muchas y muy variadas ideas.

La idea que se decide a aceptar y tener fija es la de encontrar el significado de todo lo que lo rodea. Así es como da principio su búsqueda, tratando de encontrar respuesta a todas sus dudas e interrogantes.

Después de examinar muy bien todas esas incógnitas, que con tanta frecuencia aparecen, y no encontrar respuestas lógicas, decide ir en busca de una persona adulta que lo guíe, o por lo menos que le indique el camino correcto que lo lleve a encontrar lo que con tanto anhelo anda buscando.

¿Quién podría ser esa persona? A su edad, lógicamente la primera persona en la que piensa y aparece en la pantalla de su mente, en la que un niño de tan corta edad puede pensar, en la que puede confiar ciegamente, sabiendo que es la persona más indicada, la que mejor puede escucharlo y darle una respuesta sincera, honesta, adecuada, desinteresada y que mejor lo pueda comprender, es SU MADRE.

Sin pensarlo dos veces, sale corriendo en busca de su mamá; de ese ser maravilloso que lo trajo a este mundo, le dio la vida, lo alimentó y lo protegió durante esos tan difíciles primeros días de su existencia. Ese ser al que él tanto quiere y admira, y le merece todo su respeto, cariño y confianza.

Amado va por toda la casa gritando: ¡Mamá! ¡Mamá! ¿Dónde estás? ¡No te encuentro!

—Acá estoy, hijo—cortando unas flores en el jardín. —Ven para que me ayudes a seleccionar las más bonitas—. A tu papá le gusta ver la mesa del comedor adornada con flores.

Al terminar de pronunciar la última palabra, se da cuenta de que Amado está justo a su lado. —Mira, hijo, qué hermosas flores—. Observa qué lindas son todas ellas. Contempla éstas ¿Puedes ver aquellas en el centro del jardín? ¿No crees que las flores sean muy bellas?

—Si, mamá, por eso es que a mi papá le gusta tanto ver las flores adornando el comedor—. Él sabe que son hermosas. El solo hecho de mirarlas alegra la existencia.

—¿Para qué me buscabas con tanto afán? —Sólo deseaba hacerte unas preguntas; espero que tú me puedas ayudar a encontrar solución a todos esos pensamientos que llegan constantemente a mi mente y que tanto me angustian; me angustia el no poder entender lo que significan.

Te daré un ejemplo: Ayer por la tarde, al salir de casa, escuché una conversación entre dos personas adultas. Una le decía a la otra: ¡NO, MI AMIGO! Yo todo el tempo he dicho: ¡EL TRABAJO DE LA VIDA NO ES VIVIR, SINO SABER VIVIR! Esta frase y muchas otras me incomodan por no poder entenderlas. ¿Me podrías decir o explicar el significado de esta frase? Me fastidia mucho el no poder comprenderla. ¿Podrías tú decirme qué significa?

Desde ayer, al escucharla me pareció rara, traté inútilmente por un buen rato, de entender lo que quería decir, lo cual me fue imposible. Yo nunca había escuchado nada parecido; además de desconocida, me pareció algo fuera de lo común, de esas cosas que no se escuchan muy seguido por lo que, de inmediato puse mi mente a trabajar.

Pensé en vano de dar algún significado a lo que acaba de arribar a mis oídos; esto, además de incitar mi curiosidad, me indujo a tratar de

DESAFIANDO AL FUTURO

encontrar algún significado, o algo que me indicara qué era lo que estas personas querían decir con esa expresión.

Después de buscar inútilmente por unos instantes, y no encontrar nada registrado en mi memoria que me indicara el significado de lo que recién había escuchado, decidí ir en busca de ayuda. La primera persona en la que pensé fuiste tú, mamá. ¿Quién mejor que tú para que me ilumine, me guíe, me explique y me ayude a comprender el significado de esta frase que para mí es un enigma? No la entiendo y no sé lo que significa. Necesito ayuda. Tú me comprendes, mamá. ¿Verdad que sí? ¡No entiendo! ¿Qué es lo que quiere decir esto? ¿Acaso es que todos tenemos que aprender cómo vivir? ¿Hay que aprender algunas reglas? O, ¿qué debemos hacer para saber cómo vivir?

Yo quiero entender eso de "saber cómo vivir". ¿Me podrías tú explicar su significado? Además, como ya te decía antes, se encuentran dentro de mi cabeza un sin número de preguntas a las cuales no encuentro respuesta. Tal vez esto sea debido a mi corta edad, o a veces pienso: ¿estaré un poco atrasado o falto de inteligencia?

Son muchas las preguntas que llegan, y se quedan ahí almacenadas en espera de solución. Todo esto me hacen sentir mal, muy mal. Por más que busco no encuentro nada que me ilumine y me haga salir de todas estas dudas.

Margarita, conmovida por la aflicción que ve reflejada en el rostro de su pequeño, trata de comprenderlo y ayudarlo. Busca la forma más adecuada de dar respuesta a sus preguntas, o más bien, trata de encontrar la forma más sensata y sencilla. Una que él pueda entender y lo haga comprender todas estas inquietudes que lo persiguen y lo atormentan.

Al estar escuchando a su pequeño, pone toda la atención de que es capaz y, al mismo tiempo, observa el rostro de su pequeño, en el cual ella sólo ve una carita angelical llena de angustia. La angustia reflejada en su semblante no es lo habitual en él, siempre se manifiesta con una amable sonrisa, la cual brilla por su ausencia en esta ocasión.

Después de haber escuchado y observado con atención a su pequeñuelo, busca afanosamente dentro de su mente algo que la ayude a guiar a su hijo en el rumbo correcto, para que por sí solo encuentre el camino hacia el conocimiento; el camino del SABER, que es lo que él tanto necesita, y lo necesita con urgencia, ya que se encuentra impaciente y desesperado, queriendo entrar a ese mundo desconocido para él. Margarita después de cavilar por un instante, dice a su hijo:

En primer lugar, hijo mío, quiero que abras tu mente, escuches y pongas mucha atención, lo que voy a decirte es muy importante. Lo primero que debes comprender y fijar muy bien en tu cabecita es que no hay nada mal en ti; no hay ninguna incapacidad y mucho menos un retraso mental.

Soy tu madre. Te conozco desde ese feliz momento en que viniste a este mundo, y puedo asegurarte, sin temor a equivocarme, que tú eres un niño muy despierto, muy inteligente; para tu edad, estás demasiado avanzado en tu modo de pensar, ya que hay chicos con más edad que la tuya y no son capaces de tener pensamientos tales como los que tu manifiestas ahora. Es más, ni siquiera son capaces de pensar en todas estas cosas que a ti tanto te intrigan.

Quiero que saques de tu imaginación la idea de que pudiera haber algo anormal en ti. Si algo hay, es que tú eres muy inteligente. Te digo esto no porque sea tu madre y quiera ver en ti sólo lo bueno y lo sobresaliente. Enseñas lo que hay dentro de ti con tu forma de pensar, actuar y tantas otras cosas que muestran tu grandeza de espíritu.

A pesar de tu corta edad, tienes un espíritu ávido de saber y una capacidad intelectual extraordinaria. Puedo decirte con toda seguridad que tú eres único, que eres un ser extraordinario y que además, vales mucho, Si sigues así, llegarás muy lejos. Recuerda: yo siempre te amaré y estaré dispuesta a dar lo mejor de mí para que seas feliz. Al decir esto, Margarita se acerca a su hijo abrazándolo con amor y ternura, coronando este gesto de cariño con un beso en la frente.

Hay algo muy importante que debes de saber y tomar en cuenta en esta etapa en la que estás entrando, y en la que tendrás que enfrentar algunos problemas y desafíos que, aunque pequeños, a ti te parecerán imposibles de resolver. Considera que recién has entrando en la edad escolar, y que es en la escuela en donde vas a aprender muchas cosas nuevas que te ayudarán a comprender algunas de esas cosillas que llevas metidas en tu cabecita; además, es lo que te ayudará en el futuro.

Ahora deberás poner todo tu empeño y toda tu inteligencia en aprender todo lo que más puedas, todo lo que esté a tu alcance, todos estos aprendizajes, todas estas enseñanzas y todas las experiencias que seas capaz de asimilar y almacenar en tu mente, son las herramientas que en el futuro—ya no muy lejano—te ayudarán a encontrar respuestas a todas estas interrogantes que ahora tanto te acongojan. Al mismo tiempo te ayudarán a formar tu carácter, así como también tu modo de ser y tu personalidad.

Otra cosa que es tan importante como lo que acabo de mencionar es que debes de disfrutar tu niñez al máximo: jugando, divirtiéndote y viviendo plenamente el momento. Esta edad maravillosa de la niñez se irá, dejando tan sólo memorias, recuerdos inolvidables de esa infancia donde reina la inocencia pura, donde todo es maravilloso, donde sólo hay felicidad. Esos años se irán y nunca volverán; esta edad tan hermosa es tan sólo un suspiro, aunque a ti y a todos cuando fuimos niños nos haya parecido una eternidad.

Todos los seres humanos pasamos por este periodo en nuestras vidas; a todos nos parece demasiado tiempo el que tenemos que esperar para pasar de la niñez a la juventud y de ésta a la madurez; sin darnos cuenta que al dar paulatinamente ese paso estamos dejando atrás unos años que jamás regresarán, años que más tarde vamos a añorar, que tal vez, si no los disfrutamos al máximo, algún día comprendamos que hemos desperdiciado la más hermosa parte de la vida y hemos desaprovechado la gran oportunidad de disfrutarla intensamente. Cuando nos damos cuenta, es sin lugar a duda demasiado tarde: esos años ya pertenecen al pasado.

Nosotros, tú papá y yo, debemos enseñarte a disfrutar plenamente cada una de las facetas de la vida, especialmente la infancia, que es la etapa donde todo principia. Sí, la infancia, siendo como es la parte más corta de la vida, debemos disfrutarla tanto como nos sea posible, porque una vez que se va, jamás volverá.

Desafortunadamente, sólo al final, ya en el ocaso de nuestras vidas, es cuando comprendemos y nos damos cuenta del tiempo que desperdiciamos, al no disfrutar intensamente de cada una de las etapas de la vida. Es en este último periodo que comprendemos que todo aquello que nos parecía una eternidad ahora nos parece que fue tan sólo un sueño, una quimera, una ilusión.

Es en la última parte de la vida cuando nos percatamos de lo pronto que pasan los años; se van rápido y sin sentir. Ya al final, todos quisiéramos que el tiempo se detuviera para así alargar nuestra existencia un poquito más, aunque esto fuera tan sólo una hora, un día, un mes, un año, o tan siquiera unos instantes. Pero esto es imposible, ya que nada ni nadie es capaz de detener el tiempo.

Es muy necesario que sepas y comprendas que todo este proceso es tan sólo EL PROCESO DE VIVIR, y que trates de vivir de acuerdo a tu edad, disfrutando el aquí y el ahora, manteniendo siempre en tu mente la idea de que ¡en esta vida hay tiempo para todo! Que debes vivir el momento y no dejar que el pensamiento traiga a tu mente hechos desagradables que, habiendo ocurrido en el pasado, puedan arruinar tu presente o futuro.

Bueno, hijo. No quiero poner en tu mente demasiadas cosas a la vez. Esto podría causarte confusión, y, en vez de orientarte, te encontrarías confuso, desorientado, y no podrías asimilar lo que en esta conversación tan franca he tratado de enseñarte. Ojalá todos estos consejos te ayuden a comprender mejor la vida y puedas empezar con mayor facilidad tu caminata hacia el conocimiento.

Por ahora vamos a dar por terminada nuestra plática; espero que hayas sacado algún provecho. La comunicación entre padres e hijos es sumamente necesaria. Quiero que sigas teniendo confianza en mí. Cada vez que tengas alguna duda, acércate a nosotros, bien sea a tu padre o a mí, ya que ambos estaremos siempre dispuestos a escuchar tus preguntas y darte nuestros consejos, esperando que éstos te sirvan para que encuentres más fácilmente la solución a tus problemas.

Para finalizar, quiero volver a tu pregunta inicial. Yo creo que para que tú entiendas y veas con más claridad estas cosas de la vida, vas a tener que esperar a que pase algún tiempo. Acuérdate, tú eres tan sólo un niño que está iniciando la educación escolar. En la escuela vas a aprender muchos de los aspectos de la vida que te ayudarán a comprender mejor todo eso que ahora te es difícil de entender. Esos conocimientos que estarás adquiriendo en el plantel educativo te sacarán de algunas dudas. Según vayas creciendo mentalmente, irás comprendiendo el porqué de todas las cosas.

Durante el proceso de crecimiento mental irás tropezando con muchos obstáculos que tendrás que ir librando de acuerdo a tus conocimientos. Al mismo tiempo tendrás que ir aprendiendo las lecciones obtenidas al dar solución, bien o mal, a tus problemas.

Estas lecciones y experiencias son las que te darán el conocimiento y te ayudarán a dar solución a todos aquellos problemas que por no saber, quedaron rezagados en tu mente, y a los que, con el tiempo, tu experiencia y conocimiento podrán darles solución.

Algunos de los problemas por los que atravesarás serán difíciles, y los verás cómo algo casi imposible de resolver. Esto quiere decir que te hacen falta más experiencias y más conocimientos; además, mantendrán tu curiosidad e interés alerta, tratando de encontrar cómo resolver esos problemas.

Mientras más sabiduría acumules, más fácil te será descifrar los misterios de la vida. Con el pasar del tiempo y tus nuevos descubrimientos irás comprendiendo y aprendiendo a dar solución a todos aquellos problemas que con anterioridad te parecían difíciles, y que ahora ya se verán demasiado fáciles.

Por medio de las enseñanzas que la vida misma te ofrece irás aprendiendo cómo conducirte y ver la vida con más claridad. Si eres suficientemente receptivo, aprenderás todas estas lecciones, o por lo menos todas las que seas capaz de entender. Yo creo que la vida es el mejor maestro, así que debemos estar con la mente abierta para aprender todas las enseñanzas que ésta nos brinda. Mantente siempre alerta, para que puedas reconocer, distinguir y seguir los aprendizajes que te conduzcan a un futuro más seguro, donde reine la paz, la tranquilidad y, sobre todo, el amor.

Margarita, al entablar esta conversación con Amado, trata de encontrar palabras que su hijo pueda comprender y satisfagan su curiosidad; mas el temor de rebasar los límites de comprensión de éste la frenan un poco. Le molesta sobre manera el tan sólo pensar que pudiera darle la señal equivocada, o bien, que él pudiera malinterpretar alguno de sus consejos. Por tal motivo, prefiere dar por terminada esta conversación, mandando a su pequeño retoño a continuar con sus actividades cotidianas.

Sin encontrar en su madre una respuesta que lo dejara del todo satisfecho, sale hacia el exterior de su casa en busca de qué hacer, bien sea divirtiéndose él solo, o buscando a alguien con quien jugar. Así, entre juegos y risas, pasan los primeros años de su niñez, esos años en los que tanto se aprende. Aprendemos mucho de nuestras propias experiencias, unas buenas y otras malas, pero experiencias al fin. Amado nunca olvidará las advertencias y consejos que su madre le diera.

DESAFIANDO AL FUTURO

PRINCIPIA LA FORMACIÓN ACADÉMICA

HA PRINCIPIADO EL año escolar. Todos los padres que inscribieron a algún niño para iniciar la educación primaria fueron invitados a la reunión que se celebra cada año con el fin de iniciar la relación entre padres y maestros. En esta reunión se explicará lo importante que es una buena relación entre los padres de familia y los educadores; el conocerse mutuamente es de suma importancia. Esto ocasionará la comunicación y el diálogo entre ellos; además, traerá grandes beneficios a los niños.

El director de esta institución, en la que Andrés y Margarita han inscrito a su primogénito, ha convocado a todos los padres de los recién ingresados. Ahora todos están ahí reunidos, con fin de familiarizarlos con los métodos que éste instituto empleará para educar a sus hijos; al mismo tiempo, tratarán de hacerlos comprender cómo debe ser su comportamiento en este tema tan importante: El inicio de la niñez en la educación escolar.

La educación que recibirán en la escuela deberá estar estrechamente vinculada con la educación que los niños reciben en sus hogares. Trabajando juntos, padres y maestros, lograrán iniciar a estos niños en el camino correcto, el camino de la sabiduría.

El Director es el primero en tomar la palabra. Después de saludarlos, darles la bienvenida y ponerse a sus órdenes; da principio a su diálogo diciendo: Cuando nacemos somos pequeños y frágiles. Sería casi imposible sobrevivir sin una mano protectora que nos salvaguarde, y ayude en todas nuestras necesidades. Los primeros días, meses y años de existencia son de crucial importancia en la vida de todo ser humano. En esta primera etapa es cuando, aun sin tener uso de razón, captamos todo lo que se nos enseña. Nuestra inteligencia parece estar ansiosa, lista para absorber y aprender todo lo que los sentidos nos comunican.

La inteligencia de un pequeño es como una esponja que absorbe todo lo que está a su alcance; un cerebro sediento, hambriento de conocimiento, asimila muy bien todo aquello a lo que es expuesto, lo guarda y almacena, iniciando así su base de datos; de esta forma es como da principio el camino del aprendizaje.

Por medio de los sentidos podemos ver, oír, gustar, sentir y oler; por su conducto, hacemos grandes descubrimientos, por ejemplo: en los primeros meses de vida sin darnos cuenta, vemos que tenemos manos y pies, que con las manos podemos tocar los pies; no sabemos qué son, pero nos percatamos que tenemos algo que podemos ver, mover y tocar. Con estos nuestros primeros conocimientos propios y los ya adquiridos de nuestros padres, damos los primeros pasos en el sendero del saber.

Nuestra base de datos en un principio es muy pequeña y limitada, casi nula, —continúa el interlocutor—. El intelecto aprende y asimila todo lo que se le enseña, por eso es sumamente necesario que nosotros, padres y maestros, seamos conscientes de todo lo que vamos a enseñar a estos niños. Debemos tomar en cuenta que todo lo que se ponga al alcance de su entendimiento lo absorberán y lo asimilarán de inmediato, quedando ahí grabado para siempre. Todos los conocimientos que vamos adquiriendo son los que forman y hacen crecer nuestro acervo de datos; lo importante para padres y maestros es vigilar que este caudal crezca en la forma correcta.

Ustedes, como padres, tienen no sólo el derecho, sino la obligación de iniciar a sus hijos en la dirección correcta; nosotros, como maestros, tenemos la responsabilidad y el compromiso de continuar con esa educación que tuvo su origen en el hogar.

DESAFIANDO AL FUTURO

Si ustedes fueron conscientes de lo que inculcaron a sus pequeños en esta primera etapa, y han hecho todo lo humanamente posible para iniciarlos en el camino correcto, el camino de la verdad, pueden estar seguros que nosotros, como maestros, no vamos a arruinar, no echaremos a perder todo lo que ustedes, como padres con tanto sacrificio lograron.

Los maestros hemos sido preparados para iniciar a los educandos en el conocimiento de la Ciencia y el Arte, así como también, el cómo conducirse en un plantel educativo y en la sociedad.

Un niño que llega a nosotros en su primer año escolar y trae impresa la información correcta, pueden estar seguros de que saldrá adelante y terminará su educación primaria sin mayores dificultades; además, habrá sentado cimientos firmes para terminar con éxito el resto de su educación. En cambio, un pequeño que trae consigo una base de datos equivocada le será muy difícil salir adelante, y si logra hacerlo, será con un nivel muy bajo que le servirá muy poco al pasar a la fase siguiente de su formación académica.

Para nosotros, como maestros, es casi imposible corregir los muchos errores y malentendidos con los que han sido dotados algunos niños en el hogar. Naturalmente que nosotros, cuando vemos un niño con problemas, hacemos todo lo posible para tratar de corregir todo lo que, a nuestro criterio, veamos está mal en ellos y para hacerlos comprender que su comportamiento no es el adecuado.

Por lo general, en su primer año los niños llegan a la escuela desorientados, actuando de acuerdo con las reglas familiares; por ende, en sus primeros días de clases se encuentran con un conjunto de reglas y un modo de comportarse distinto al que están acostumbrados.

Lógicamente, van a encontrar una diferencia en la forma de conducirse entre las dos instituciones: la familiar y la escolar. Este es el motivo principal por el cual padres y maestros, debemos estar unidos y trabajar juntos con un solo fin: ayudar a estos pequeños a resolver cualquier problema que pudiera suscitarse al encontrarse en un ambiente que es completamente desconocido para ellos. Éste solo hecho hará que los chicos no pierdan el rumbo, sepan orientarse y puedan continuar su educación hasta el final.

Quiero hacer hincapié en lo importante que es mantener una estrecha relación entre padres y maestros. Recuerden: la educación principia en el hogar y los padres son los primeros maestros de los hijos; son ustedes los que tiene la obligación de vigilar y cuidar que sus niños crezcan con buenas costumbres para que, cuando lleguen a las aulas, no tengan problemas en su comportamiento; esto ayudará a los maestros en buena medida, ya que podrán dedicarse de lleno a impartir los conocimientos que obtuvieron para llegar a ser maestros, y no convertirse en vigilantes que tengan que estar corrigiendo constantemente a los alumnos de mal comportamiento, lo cual ocasionará una pérdida de tiempo para los estudiantes que saben conducirse debidamente en la escuela.

Como podrán darse cuenta por lo antes mencionado, ustedes son los primeros profesores de sus hijos.

La pregunta es: ¿Han sido conscientes de que lo que enseñaron a sus retoños fue lo correcto? ¿O sólo los dejaron crecer a la voluntad del tiempo, sin darles ninguna orientación, pensando que al llegar a la edad escolar los profesores seríamos los responsables de enseñar a sus hijos todo lo que deberían haber aprendido en el hogar? Bueno, éstas son preguntas que ustedes mismos deben hacerse y contestar honestamente. Ahí se los dejo de tarea.

Quiero exhortarlos. Insisto en que deben conocer personalmente a los profesores de sus hijos, y no sólo conocerlos, sino estar en constante comunicación con ellos en éste su primer año y en los años subsecuentes. Así, podrán darse cuenta de los adelantos o retrasos de sus pequeños y ayudarlos en caso necesario.

La familia es, si no la única, si la primera institución capaz de educar y hacer crecer al niño hasta convertirlo en una persona que sea útil a sí mismo y a la sociedad.

Ustedes, como cabeza de la institución familiar, son los encargados de cuidar que los hijos crezcan y se desarrollen en un ambiente sano dentro y fuera de la familia. Deben aceptar esa responsabilidad y no hacerse los desentendidos, tratando de involucrar a alguna persona o familiar cercano, dejando que esta persona o personas sean quienes asuman la responsabilidad que corresponde únicamente ustedes. Lo que lograrían con una actitud así sería arruinar no sólo el futuro de sus hijos, sino el futuro mismo de la familia.

Estar vigilando constantemente el comportamiento de los niños en casa, es sumamente necesario; así, cuando lleguen a la escuela, les será más fácil adaptarse a los reglamentos propios de la institución; instrúyanlos a que sepan seguir con apego las normas impuestas dentro del hogar.

Si queremos cambiar el rumbo de inseguridad al cual se dirige la humanidad, es necesario empezar por cambiarnos a nosotros mismos.

Sólo haciendo un cambio profundo en nuestro comportamiento, y siendo más sensibles hacia los males que nos aquejan, seremos capaces de educar a los hijos a que sean seres conscientes y responsables; si logramos hacer realidad esto, habremos dado un gran paso hacia un nuevo horizonte, un horizonte que conduzca al ser humano a un destino que le sea más favorable.

Debemos comprender y aceptar que el porvenir de la sociedad depende y tiene sus raíces en la familia.

Los padres, que son los directores intelectuales de la familia, deberán estar siempre alerta para evitar que las influencias del mal hagan presa fácil de sus hijos y que, por medio de un lavado de cerebro—que es muy común en nuestros días—los induzcan y los convenzan que el único camino que los conducirá a realizarse como individuos ganadores es la sustitución de la verdad por la mentira, del Bien con el Mal y del Amor con el Odio.

Tengan mucho cuidado para que esto no ocurra en sus hogares. Traten de mantener siempre fresco en la mente de sus hijos que el único camino es el de la verdad y el de saber reconocer la diferencia entre el bien y el mal.

Es de vital importancia que los padres inculquen en sus hijos este principio básico; sólo así podrán usar este conocimiento para defenderse de los malos elementos que tratan de confundirlos, haciéndolos creer que la mentira puede sustituir a la verdad, que el mal se puede emplear en lugar del bien, y que el odio puede tomar el lugar del amor. Como podemos ver, esto les traería muy malos resultados.

Dentro de la familia debe haber una actitud de amor y ternura; en esta forma se podrá delinear en el niño el comportamiento noble del hombre del futuro.

En un hogar donde no hay ternura, sólo malos tratos y vejaciones, los niños crecen sin saber por dónde ir o a quién recurrir para que los oriente y los dirija; los padres, que son los indicados para inducir e inculcar en los hijos ideas sanas que los pongan en la dirección correcta, muchas veces sólo despiertan en ellos temor, duda y desconfianza, ocasionando que estos pequeños, al no tener nada ni nadie en quien confiar, a quien dirigirse para que los oriente, lo más seguro es que tomen el rumbo equivocado y se conviertan en seres nocivos e irresponsables que cuando tratan de sobresalir en cualquier empresa, lo único que saben es hacer todo aquello que es conveniente para ellos, sin importar cuánto daño pueda causar a los demás.

En las últimas décadas, la gran mayoría de las familias inducen a los hijos a educarse y a sobresalir con el único fin de lucrar y acumular riquezas, lo cual, según estas familias, los hará miembros sobresaliente y predilectos de la sociedad actual. Piensan que el dinero lo puede todo y que borra todos los defectos que cualquier persona pueda tener, cuando en realidad el dinero no es nada, "es tan sólo vanidad". Es el individuo con riqueza espiritual el que puede hacer algo útil con el dinero.

Los tiempos en los que se inculcaba a los hijos la aspiración, el deseo de ser los mejores, sin pensar siquiera si la carrera u oficio que hubieren seleccionado iría a ser bien remunerados, ya pasaron; han quedado en el olvido. Ahora sólo existe la conveniencia. Hacemos las cosas cuando nos conviene, pensando siempre en obtener algún provecho. Por lo general, nunca, o casi nunca, hacemos algo por ayudar a los demás.

Las ideas equivocadas de conveniencia que se infunden a los niños en el seno del hogar no son impuestas con mala intención; únicamente se hacen con el fin de que sobresalgan, creyendo, quizá, que para sobresalir y ser miembros destacados de la sociedad actual, tendrán que buscar la forma de lucrar tratando de sacar algún provecho en todo lo que hagan, y que sólo conduciéndose de esta manera lograrán ponerse arriba y ser más que los demás, creando así la idea errónea que el lucro y el sacar ventaja es lo más común.

Por eso es que la mayoría de las personas adultas llevan esa idea metida en lo más profundo de su ser. Espero que todos los aquí presentes sean conscientes de este fenómeno que tanto mal está causando a la sociedad, y traten de evitar que esto ocurra en sus hogares.

No tiene nada de malo, antes es muy saludable promover en las nuevas generaciones la educación altruista para que se superen a sí mismos y sean los mejores, no sólo con la idea del lucro, sino con el propósito de sentir esa grata sensación de haber logrado llegar a la meta, culminando todos los sueños e ilusiones que hubieren forjado durante los difíciles años de su formación. Además de sentirse realizados, ahora tendrán la gran oportunidad de poder hacer algo que beneficie, no sólo a ellos y sus familias, sino a la sociedad en general.

¿Cómo actúan algunos padres al dar consejos a sus chicos? Les dicen: "Tú tienes que buscar algo en lo que ganes mucho, para que te hagas rico pronto; así, tú y tu familia no sufrirán ni pasarán hambres, como fue el caso de nosotros". Nunca les mencionan ni les aconsejan que antes que nada deban aspirar a ser felices, y que para alcanzar la felicidad no se necesita el dinero ni la riqueza.

Es sumamente necesario que sean conscientes, recapaciten y piensen un poco sobre lo que van a inculcarles, y no vayan a caer en ese círculo vicioso que tanto mal está causando a la Humanidad.

Yo los invito a que reflexionen detenidamente sobre este tema. Traten de ser conscientes de la gran responsabilidad que pesa sobre sus hombros. Recuerden: la primera y más importante educación que reciben los niños proviene del hogar, de ustedes, que son el pilar en la familia. En el seno del hogar, es donde da principio el aprendizaje de todos los seres humanos; ahí es donde empezamos a desarrollar nuestros conocimientos de lo bueno y lo malo, usos y costumbres; todo aquello a lo que somos expuestos. En ésta, la primera fase de nuestras vidas, lo que aprendemos quedará grabado para siempre.

Como podrán darse cuenta por lo antes mencionado, es muy necesario que comprendan lo importante que es saber conducir a la familia; por tal motivo, yo los invito a que traten de ampliar sus conocimientos en este tema tan delicado. Ustedes, siendo la cabeza de la familia, deberán instruirse y capacitarse para que puedan tener éxito en la misión que se les ha encomendado: la educación y formación de los hijos.

Recuerden, los escenarios que influyen en la vida cotidiana de los chicos son muchos y muy variados; por ejemplo, la radio, la televisión y, sobre todo la influencia de las malas amistades, estos son algunos de los que más atracción ofrecen a los pequeños.

No hay que olvidar que el escenario número uno, el más importante, es el hogar. Los padres son los responsables, no sólo de sentar las bases de una buena educación, sino de vigilar que la educación que reciben en los otros escenarios sea la correcta, y no permitir que confundan a los niños induciéndolos a creer que lo malo es tan común que se toma como bueno.

Además, es muy necesario estar al pendiente de todo lo que hacen sus hijos; sólo así podrán detectar los momentos verdaderamente cruciales y ayudarlos a superar aquellas experiencias que muy bien podrían volverse obsesivas.

La meta de esta organización es proporcionar a la niñez una educación sana y adecuada a la época en que vivimos. Necesitamos su apoyo; sin su ayuda será muy difícil cumplir nuestro cometido y llegar a la meta con la satisfacción de haber cumplido con la obligación que se nos ha fijado: la educación de sus hijos. Y sobre todo, queremos sentirnos orgullosos y poder decir que, si sabios no son, sí hicimos todo lo humanamente posible para que se realizaran como individuos educados, poseedores de sabiduría. Así que no nos dejen solos con esta tan importante tarea. Necesitamos su cooperación y apoyo.

Para terminar, sólo quiero hacer de su conocimiento que estaré en la Dirección, recibiendo a todas aquellas personas que tengan algún comentario, sugerencia o pregunta sobre el tema.

Esto será una vez terminada la presente reunión.

Muchas gracias por su asistencia y su comprensión. Ahora los dejo en manos de los profesores; como ustedes comprenderán, ellos quieren dirigirles unas palabras. Así que los dejo en buenas manos.

Habiendo terminado su discurso los profesores, y finalizado el evento, los esposos Cortazon deciden ir a la Dirección, que se encuentra no muy lejos, dentro del mismo complejo educativo. Ellos son los primeros en llegar; de inmediato son conducidos a la oficina del Director, quien muy amablemente los hace pasar, invitándolos a que tomen asiento.

—Me da mucho gusto ver a una pareja joven como ustedes, interesados en la educación de sus hijos—. En la actualidad no hay muchos padres que quieran conocer a las personas en cuyas manos están poniendo el tesoro más preciado del que son poseedores: sus hijos, y menos aún tratar de investigar si estas personas son capaces de enseñar a sus pequeños todo aquello que tienen que aprender en la escuela.

Además, deberían cerciorarse de que los profesores sean individuos que tengan la vocación de ser maestros. Sólo teniendo vocación podrán dedicarse en cuerpo y alma a enseñar, a guiar e inducir a los chamacos para que no pierdan el rumbo durante estos tan importantes primeros años de aprendizaje.

Casi por lo general, la mayoría de los padres piensan que, para cumplir con la obligación de educar a sus hijos, todo lo que tienen que hacer es enviarlos a la escuela donde, según sus creencias, serán educados adecuadamente.

A todos esos padres se les ha olvidado, o tal vez no saben o no comprenden, que la educación empieza en casa, y que a la escuela se va a obtener la sabiduría que, desde luego es parte muy importante de la educación, pero no hay que olvidar que la educación que se recibe en casa es la básica y esencial. Espero ustedes, tengan esto en mente, y traten de hacer todo lo posible por educar correctamente a sus hijos, antes de enviarlos a los planteles educativos

La responsabilidad de los padres es no sólo enviar los hijos a la escuela: tienen la obligación de estar constantemente vigilando su desarrollo intelectual, estar al pendiente de que cumplan con sus obligaciones escolares, que sean siempre puntuales para llegar al salón de clases, que ejecuten—con la ayuda de ustedes—adecuadamente con las tareas que les hayan sido asignadas por sus maestros; el aseo y la presentación son muy importantes.

Como pueden ver, son muchos los requisitos necesarios que los padres tienen que vigilar antes de poder afirmar que están cumpliendo adecuadamente con el apoyo a la educación académica de sus hijos.

Bueno . . . . Creo haber hablado demasiado, sin darles la oportunidad de expresar sus pensamientos.

—¿Tienen alguna pregunta, comentario o sugerencia? Disculpen que no les haya hecho ésta pregunta antes de empezar la retórica con la que los recibí.

—Sí, señor Directo. —Nosotros, mi esposa Margarita y yo, somos los orgullosos padres de tres hijos: el primero, el mayorcito, es el que está iniciando su educación primaria—. Este primer año va a ser muy difícil, tanto para el niño como para nosotros; tenemos que adoptar un nuevo sistema de vida, el cual queremos iniciar correctamente.

Teniendo en cuenta lo difícil de la situación y la falta de conocimientos de nuestra parte, hemos decidido venir a esta reunión para investigar el qué y cómo asumir lo que debemos hacer para cumplir con los requisitos de este instituto. Estamos aquí frente a usted para que nos oriente y nos indique el camino a seguir en esta tan difícil tarea que es la educación correcta de nuestros hijos.

Usted ha contestado algunas de las muchas preguntas que teníamos en mente. Su retórica me ha convencido de que estamos en el lugar correcto, y que con su ayuda y la de los demás maestros, seremos capaces de llevar a nuestros hijos a su propia realización, y trabajando juntos, padres y maestros, lograremos convertir a estos niños, que ahora empiezan su educación escolar, en jóvenes talentosos que, además de haber aprendido a llevar una vida correcta, sean capaces de concretar todo aquello con lo que hubieren soñado en la vida y convertirlos en realidades.

El mayor anhelo de nuestras vidas se cumplió con la realización de nuestro matrimonio. Al dar inicio a la formación de nuestra familia decidimos que lo más importante para nosotros sería no sólo traer a este mundo los hijos, sino educarlos en la mejor forma posible para convertirlos en seres humanos que sepan ser buenos y serviciales, tanto para ellos mismos como para sus semejantes.

Con el fin de poder cumplir este sueño, hemos venido aquí en busca de ayuda, para que nos indiquen la forma en la que nuestro hijo deberá comportarse en el plantel educativo durante éste su primer año escolar; al mismo tiempo, que sepa cómo conducirse en los años siguientes hasta que termine su educación primaria. Creemos firmemente en aquello que dice: "lo que bien principia bien acaba". Nuestro deseo es que empiece bien ahora que está iniciando sus estudios en esta institución.

Estamos en la mejor disposición de seguir sus consejos y de cooperar con los maestros en todo lo que se nos indique. Como ya mencionaba con anterioridad, tenemos dos hijos más que muy pronto estarán iniciando su educación, por tal motivo, deseamos saber todo lo concerniente al primer año en el centro educativo. Así podremos enseñar a los otros dos a que sepan cómo llegar al salón de clases en sus primeros días de asistencia

—Entiendo perfectamente sus inquietudes . . . . —Me da mucho gusto ver que hay personas que verdaderamente se interesen por la educación de sus hijos—. Todos los que formamos el profesorado de esta institución, incluyéndome, estamos aquí para ayudarlos y orientarlos en todo lo concerniente a la educación de sus hijos. Todo problema que perciban en sus niños, sin importar si es pequeño o grande, no lo pasen desapercibido, acérquense a su profesor o a cualquiera de nosotros y expongan aquello que les preocupa; sólo trabajando juntos lograremos cumplir con nuestro cometido.

Han venido ustedes al lugar correcto. Aquí es donde podrán encontrar siempre la ayuda necesaria para que puedan con mayor seguridad guiar a sus hijos.

Mantengan una vigilancia constante en los niños y estén pendientes de su comportamiento. En cuanto noten algo raro, o algo que por lo regular no hacen, que su actitud no es la acostumbrada, lo primero que deben hacer es hablarles y preguntarles cuál es el motivo del cambio en su conducta.

Algunas veces, el solo hecho de platicar con ellos es suficiente para corregir o resolver cualquier contrariedad que el niño pudiera tener. Recuerden: la comunicación entre padres e hijos es de suma importancia; debe haber siempre una relación muy estrecha entre ambos.

La comunicación es la forma más viable de iniciar a los hijos en el camino correcto; el platicar constantemente con ellos, los hará sentirse importantes y dueños de sí mismos; esto abrirá la puerta de su mente dándonos una mejor oportunidad de inculcarles todo aquello que a nuestro propio criterio es lo correcto. Compartir ideas con un pequeño es muy importante; el intercambio de ideas de tú a tú con sus papás, lo hará sentir

DESAFIANDO AL FUTURO

que él es alguien, que es un ser como todos los demás y, desde luego, le dará confianza en sí mismo.

Un niño que se desarrolle en un ambiente donde hay confianza crecerá con un carácter firme que lo hará sentirse seguro de sí, y le será más fácil saber conducirse ante los demás; aunque sí, hay que enseñarlo a que sea cauteloso y a distinguir a aquellas personas con las que deberá tener ciertas reservas antes de tratar con ellas.

Quiero recordarles que los hijos no son, ni deberán ser un impedimento en el proyecto de vida de los esposos; más bien son los lazos que mantendrán unida a la familia. Traten de proporcionarles una atmósfera sana propicia para la adquisición del saber, del conocimiento que les de confianza, que les dé la sabiduría que es tan necesaria para que puedan desarrollarse sanos y con una visión más apegada a la realidad del mundo en que vivimos.

Como ya mencionaba anteriormente, la educación da principio en el seno familiar, por ende, deben enseñar a los hijos todo aquello que, según su criterio, crean es lo correcto.

El solo hecho de reflexionar, hacer uso de sus conocimientos y el sentido común, los hará comprender y ver con más claridad el camino a seguir. Es muy importante que ustedes, que tienen a sus hijos empezando a crecer física y mentalmente, les proporcionen un ambiente sano donde sólo haya cariño, confianza y ternura. Tengan presente que un ambiente hostil desarrollará en ellos un instinto agresivo, que los perjudicará en el futuro.

En la vida interna de cada familia existen dogmas y creencias que se han venido desarrollando desde tiempos ancestrales; las llevamos dentro como parte intrínseca de nuestro ser, y creemos en ellas con una fe ciega que muchas veces nos hace percibir la vida de una forma un tanto alejada de la realidad. Uno de estos dogmas es el religioso. No quiero hablar de este tema debido a su complejidad; pero sí quiero exhortarlos a que exploren un poco el contenido de cualquier tema religioso en el que ustedes crean, para que no vayan a imponer en sus pequeños un sistema demasiado rígido que los pudiera perseguir y acosar en su vida de adultos.

Es muy natural que en un plantel educativo el niño se encuentre con la sorpresa que hay distintas formas de actuar y pensar, así como también distintas ideologías que existen en las familias con respecto a la religión.

Aquí yo les aconsejaría que inculquen en ellos sus creencias, sí; mas deben dejar espacio para que, cuando crezcan, puedan examinar este tan complejo tema. Sólo así, únicamente de esta forma, cuando tengan cualquier duda podrán obtener sus propias conclusiones, bien sea que las adquieran por medio de sus oportunas investigaciones, o bien, que alguien les ilustre un poco para que puedan encontrar el camino correcto que los lleve a descubrir lo más probable, lo más cercano a lo que, según su criterio, sea lo verdadero.

No quisiera terminar tan pronto nuestra plática, pero, como pueden ustedes ver, hay varias parejas esperando turno.

Para finalizar, quiero que lleven muy bien guardado en su mente que una de las responsabilidades más importantes que tienen ustedes como padres es vigilar que sus hijos no pierdan de vista el horizonte, y tengan toda su confianza depositada en ustedes para que cuando tengan preguntas o dudas se les acerquen en busca de ayuda. Sólo de esta manera lograrán evitar que se conviertan en fácil presa del vicio y la drogadicción.

Recuerden: el dialogo entre padres e hijos es de suma importancia

Bueno, no se olviden de nosotros. Espero verlos por aquí muy pronto, y que no vaya a ser esta primera vez, la última. Aquí estaremos siempre en la mejor disposición de brindarles nuestra ayuda.

TRATANDO DE SUPERAR ALGUNOS PROBLEMAS DE LA FAMILIA

¿QUÉ ES LA vida? La vida es tan sólo un proceso que da principio el día de nuestro nacimiento y termina con la muerte. Podríamos decir también que este proceso es: el proceso de aprender. Al hacer nuestro arribo a este mundo, empieza nuestro aprendizaje. Empezamos a aprender de lo que nos rodea y de todas las enseñanzas que recibimos, más tarde aprendemos de nuestras propias experiencias usando principalmente la imitación; imitando, nos damos cuenta, nos percatos que podemos hacer lo que vemos; teniendo así algunas de nuestras primeras experiencias.

Es en el último instante de nuestra existencia cuando tenemos la última experiencia: la separación del cuerpo y el alma. Esta última experiencia es lo único que llevaremos con nosotros al más allá. Las experiencias las vivimos, aprendemos de ellas, almacenamos algunas y otras las olvidamos; la última experiencia, LAMUERTE, la experimentamos, y lo que aprendemos de ella, jamás lo revelaremos.

La vida: el proceso de aprender. Es lo que tanto preocupa a los esposos Cortazon. Ellos quisieran aprender todo lo que haya que aprender lo más pronto posible para trasmitir toda esa sabiduría a sus hijos, porque piensan en lo hermoso y divino que sería para ellos vivir una vida libre de todos aquellos parásitos de maldad que tanto aquejan a la humanidad.

Saben que las tinieblas usan todo lo que está a su alcance para propagar el mal; comprenden y saben que una vida pacífica y tranquila donde sólo haya bienestar, es prácticamente imposible. Aun así, estos personajes tratarán de orientar a sus hijos en la dirección correcta. Por medio de sus consejos y advertencias esperan hacer de ellos seres que sepan vivir la vida en el presente, aceptando siempre las realidades de la vida y, sobre todo, responsabilizándose de sus actos.

Entienden perfectamente bien que las lecciones que ellos mismos han aprendido de la vida son experiencias que les han traído mucha sabiduría y los han hecho comprender que una de las cosas más importantes que todo ser humano tiene que aprender es ser maestros de sus propios pensamientos, para no dejar que las malas inclinaciones tomen posesión de su mente. Han llegado a la conclusión de qué, si dan rienda suelta a todos esos pensamientos que constantemente invaden su imaginación; se darán cuenta de que, al deliberar detenidamente para evaluarlos, se hundirían en la incertidumbre de creer que todo aquello que pensaron fuera verdad, cuando en realidad sólo son pensamientos sin ningún fundamento.

Y comprenden que si sabemos manejar con acierto los malos pensamientos, evitarían los daños que éstos pudieran causar; aunque, en realidad, los verdaderos daños que causan los malos pensamientos, ocurren cuando los dejamos estacionarse dentro de nuestro ser; o sea, que cuando tenemos un mal pensamiento y lo dejamos que se anide, posesionándose completamente de la mente, es cuando el efecto empieza a originar el descontrol.

Cuando un pensamiento es pasajero, llega y se va; no causa ningún daño aparente, aunque en realidad no es así, ya que tenemos que ser conscientes de lo que está ocurriendo para no dejar que uno de estos pensamientos que hemos catalogado como pasajeros se convierta en algo muy difícil de controlar. Cuando algo así pasa, ocasiona que la mente, al dar cabida a ese pensamiento que llegó como un idea vaga de algo que momentos antes no existía, al dejarlo, y tratar de entender su significado, nos confundiríamos a tal grado que no sabríamos cómo manejarlo.

Es de su conocimiento que cuándo un pensamiento es positivo, lo mejor es abonarlo para que florezca y dé fruto. Cuando éste es negativo, lo más probable es que hayan caído en una trampa que los conducirá a realizar una acción equivocada.

Con cada año que pasa, nuestro pequeño amiguito está más cerca de esa edad que es considerada como la más difícil de toda la vida del ser humano: la adolescencia. Esta etapa se encuentra plagada de retos y desafíos. Tal parece que a cada paso que damos nos encontramos con un nuevo reto, con un nuevo desafío.

Lógicamente, en las tres etapas de la vida consideradas definitorias, los esposos Cortazon saben que se encontrarán con muchas dificultades y problemas, los cuales deberán de solucionar de acuerdo con sus conocimientos y experiencias. Pero la adolescencia, siendo como es, la etapa donde se origina el cambio más importante, el que hará salir a sus hijos del mundo fantasioso de la niñez, trasladándolos a un mundo nuevo donde la fantasía se desvanece poco a poco para dar paso a la realidad de la vida adulta.

En la adolescencia la situación del individuo puede agravarse seriamente. Muchas veces los individuos se encuentran confundidos, no sabemos qué hacer o qué rumbo seguir; a menudo pierden completamente el sentido de orientación, debido principalmente a esos momentos de incertidumbre de no saber si se es niño o adulto. Este desequilibrio, por lo general, se origina principalmente debido a que los padres no supieron preparar a los hijos para este cambio tan importante, y esto puede traer consigo consecuencias graves, a veces sumamente difíciles.

En esta fase es cuando se originan muchos y muy variados cambios; sin darnos cuenta, con este cambio estamos dando un paso importantísimo en nuestras vidas; es el periodo en el que empezaremos a dar forma a nuestro carácter y personalidad. Cómo es de esperar, esto preocupa mucho a los esposos Cortazon; por tal motivo, se unen para ir en busca de esa luz maravillosa del saber para que los ilumine y poder guiar a sus hijos en la dirección correcta.

EN BUSCA DE LA SABIDURÍA

AHORA, YA HABIENDO crecido un poco más física y mentalmente, después de haber casi terminado su educación primaria, y a punto de dar principio a su educación secundaria, Amado se encuentra con problemas, interrogantes y dudas aun más difíciles de comprender.

Todo esto le complica y le hace más difícil su existencia. Trata de resolver estos problemas de la mejor manera posible, pero aún así le quedan algunas dudas rezagadas, las cuales tiene que pasar por alto. Sabe perfectamente bien que debe continuar con su vida: las respuestas a estas dudas que van quedando atrás algún día vendrán, cuando menos lo espere.

Como ya tiene casi doce años, se encuentra al borde de la pubertad. Se siente con más madurez, aunque sea sólo un niño que está pasando de una etapa a otra de la vida. El siente que sus pensamientos son distintos: ya no son los de aquel niño de seis o siete añitos, que fue cuando empezó a advertir su deseo de saber el porqué de las cosas.

No comprendía por qué de pronto sus ideas y modo de pensar habían cambiado; sentía que sus ideas y sentimientos habían aumentado en número y variedad. Ahora, con todas estas nuevas inclinaciones y emociones, piensa en encontrar a una persona de su mismo sexo a quien dirigir sus preguntas.

Después de pensarlo por unos instantes llega a la conclusión de que su padre es la persona más indicada; él es el ser que siempre le ha brindado sus consejos y su apoyo; es la persona en la que tiene depositada toda su confianza porque sabe perfectamente que él lo sacará de todas sus dudas. Todo lo que tiene que hacer es esperar el momento adecuado para acercarse a él y exponerle todos sus problemas.

Su papá, Andrés, es un hombre amable y respetuoso, de esos que siempre ponen atención a las necesidades de su familia, escuchando con interés todas sus quejas. Siempre que se acercan, él los trata con respeto, cariño, amor, paciencia y, sobre todo, con una gran voluntad y sentido de responsabilidad.

Para ayudar a sus hijos, él está siempre dispuesto a tomar el tiempo que sea necesario para dar sus consejos y compartir sus experiencias, especialmente con Amado, que es el mayor. Espera que toda la sabiduría que le dieran las experiencias vividas le sirva de guía y le ayude a encontrar la forma más adecuada de trasmitir éstas a sus hijos. Esto le daría una gran satisfacción y lo llenaría de felicidad. La mayor alegría que un padre pueda tener es el ver a sus hijos realizados.

Una tarde de invierno, en la que nuestro personaje bien abrigado se encuentra ocupado haciendo sus trabajos escolares, de pronto viene a su mente el recuerdo de aquel viejo refrán que escuchara algunos años atrás; que había despertado su curiosidad.

Habiendo pedido a su madre que le explicara el significado del mismo, a él no le había sido posible entender la respuesta que su madre le diera. O bien, su madre no había sido capaz, o no pudo de pronto encontrar una respuesta adecuada que satisficiera la curiosidad de su hijo. Al regresar esta idea a su mente, piensa en ir directamente a su papá.

Se encamina hacia la habitación donde se encuentra su padre. Una vez dentro, se dirige a él y le dice: No quisiera molestarte; sé muy bien que estás muy ocupado y que tienes mucho trabajo, pero, . . . tengo una pregunta que hacerte. Verás: Hace algunos años, cuando todavía era un niño pequeño, escuché una frase que despertó mi curiosidad. Al no entender, o más bien dicho, al no comprender su significado, me sentí intrigado.

Desde el momento en que la escuché hasta la fecha, ha estado ahí, metida en mi pensamiento; es algo que hasta ahora no me ha sido posible entender. Deseo con vehemencia, para mi propia satisfacción, saber lo que quiere decir. Espero que tú puedas ayudarme a comprender y ver con claridad el significado de esta incógnita que me ha perseguido por tanto tiempo

Esto fue cuando tenía apenas seis o siete años, escuché a dos personas mayores platicar. Una decía a la otra: "NO, COMPADRE, YO SIEMPRE HE DICHO: EL TRABAJO DE LA VIDA NO ES VIVIR, SINO SABER VIVIR". Esto ha sido para mí el gran enigma, algo que hasta la fecha no he podido comprender.

¿Podrías tú explicarme el significado de esta frase que tanto me ha intrigado? Yo, por más que pienso y le doy vueltas en mi pensamiento tratando de imaginar lo que quiere decir, no me ha sido posible descifrar este enigma; hasta éste momento, no he podido encontrar una respuesta clara, que me deje satisfecho.

Me inquieta el no haber sido capaz de comprender lo que esto quiere decir, y además, no me ha sido posible sacarla de mi pensamiento, y mucho menos olvidarla.

Hice esta misma preguntado a mi madre, el mismo día que la escuché, al no encontrar en su respuesta una contestación satisfactoria, me he quedado con esa duda, la cual, por más que trato de olvidar, no se va, se queda ahí aferrada; tal vez, la explicación que ella me dio no la supe captar debido a mi corta edad; el caso es que no supe interpretar su contestación. No sé . . . . La realidad es que yo sigo con este problema, y quiero saber que hay detrás de esto; me gustaría saber tanto como sea posible acerca de la vida.

Andrés se queda mirando fijamente a su hijo. Después de pensar por unos instantes sobre cómo dar contestación a su pregunta, empieza de la siguiente manera: —Amado, hijo mío, acércate más a mí—. Quiero que sepas que tú nunca me molestarás, no importa qué sea lo que quieres.

DESAFIANDO AL FUTURO

Siempre que me necesites estaré disponible, presto a brindarte el apoyo necesario. Además de todo mi apoyo, tienes toda mi comprensión y la gran voluntad que tengo en ayudarte.

Trataré de encontrar la forma de orientarte para que puedas encontrar soluciones a tus problemas e interrogantes. Recuerda, tú eres el tesoro más preciado de mi vida; siempre estaré dispuesto a dar lo que sea necesario, para tu bienestar.

Mira, hijo. Voy a tratar de darte una explicación relacionada con tu pregunta. De hecho, voy a tratar de poner un poco de luz en tu camino para que puedas ver las cosas con más claridad, y seas tú el que dé solución a esta frase que tanto te ha perturbado, y las demás interrogantes que existan en tu mente.

Echando mano de mi propia experiencia, trataré de poner algunas ideas, esperando que éstas te ayuden a resolver, si bien no todo, por lo menos algunos de los problemas con los que vayas tropezando.

En primer lugar quiero que sepas que saber vivir es aprender las lecciones de las experiencias vividas.

Usando las experiencias como lecciones, aprenderás de ellas mucho de lo que haya que aprender de la vida; te llenarás de sabiduría y podrás decir que has encontrado la forma de SABER VIVIR.

El saber vivir te guiará hacia el cumplimiento de todos tus sueños y a disfrutar de una vida llena de bienestar y felicidad. Además, deberás fijar muy bien en tu mente la idea de actuar siempre de acuerdo con la verdad, y no dejar que los pensamientos de maldad se aniden en ti; esto dará firmeza a tu carácter y confianza en el porvenir.

Espero haber aclarado un poco eso de SABER VIVIR. En esta vida hay muchos problemas y obstáculos que se van presentando a lo largo de nuestra existencia, los cuales tenemos que ir enfrentando y dando solución de la mejor manera posible, de acuerdo con nuestro entendimiento, educación y experiencias.

Tengo la certeza de que has tropezado con algunas dudas que, aunque no fueron tan enigmáticas como la que me acabas de exponer, sí te han causado incertidumbre y duda, te han dado en qué pensar. Esto ha hecho que pongas tu mente a trabajar tratando de comprender y dar solución en una forma u otra a todas estas interrogantes que a diario aparece en tu vida.

Aun en esta tan temprana edad, creo que has sido capaz de encontrar la forma de dar solución a todos esos pequeños problemas. Algunas veces habrás tenido dificultad para hacerlo, y otras te habrá sido muy fácil comprender y encontrar la respuesta correcta. De una forma u otra, has encontrado el cómo dar solución a éstos tus primeros problemas.

Espero que con mis consejos puedas encontrar la forma de enfrentar y allanar tus dificultades; ojalá hayas podido comprender el significado de esa frase que tanto te ha intrigado.

En la pregunta está la respuesta, por decirlo así: Si quieres saber vivir, aprende. ¿Cómo se aprende? Al cometer un error o hacer algo mal, tienes que ser consciente y comprender que lo que hiciste está mal para que no vuelvas a cometer la misma falta. Si por el contrario, haces algo bien, y tienes consciencia de que lo que hiciste está bien hecho, quiere decir que vas por el buen camino.

Guarda muy bien todas esas experiencias aprendidas, son las que te darán el conocimiento de saber vivir. ¿Ves qué fácil es aprender? —Si, papá, contesta Amado—. Esta explicación que me has dado aclara todo; ya no tengo ninguna duda.

—Además, quiero hacer de tu conocimiento que la vida en sí, no es un misterio, sino un proceso: EL PROCESO DE VIVIR Y APRENDER"—.... Aprender de las experiencias es lo que nos dará la sabiduría. Como podrás comprender, este proceso dura toda la vida. Tú apenas empiezas a vivir y a aprender; tendrás que esperar a que pase algún tiempo y tengas más experiencias. Recuerda: "las experiencias son las que traerán consigo la sabiduría".

—Algunas veces pienso, —dice Amado—: ¿será posible que vivamos una vida doble? Si la vida es la experiencia de vivir; quiere decir que, una vida la vivimos experimentando y la otra, viviendo de acuerdo a la sabiduría aprendida de las experiencias. Bueno, este es sólo un pensamiento que tal vez no tenga ningún fundamento.

—Hijo, —quiero que mantengas tu mente abierta para que lo que te voy a decir entre libremente y se quede ahí para que lo tengas siempre presente, ya que es de suma importancia—. En el camino que todo ser humano tiene que recorrer, desde su nacimiento hasta su muerte, lo cual llamamos vida, todos, y quiero decirte con absoluta certeza que totalmente todos, los seres humanos, sin ninguna excepción, encontramos muchos y muy variados obstáculos a lo largo de nuestra existencia.

Todas estas dificultades son las que en una forma u otra tenemos que librar; son estos problemas los que ocasionan en nuestra mente el desasosiego, muchas veces doloroso, que nos aflige cuando buscamos y no encontramos la forma adecuada, la más correcta de dar solución, sin que nos causen mucho daño, a todos esos enigmas, obstáculos y desafíos.

—¿Qué podemos hacer para darnos cuenta que tan cerca estamos de la respuesta verdadera, la más acertada? —Inquiere Amado—. Esto depende, desde luego, de la forma en que cada individuo perciba e interprete el significado de cada escenario. —Contesta Andrés. En algunas ocasiones, la importancia que damos a una situación problemática, muy bien puede ser incorrecta, o sea que hemos mal entendido o mal interpretado dicha situación, por lo cual, la respuesta podría ser equivocada. Aquí es donde echamos mano de todo aquello que hemos aprendido de la vida para poder justipreciar cada situación de una manera realista, consciente e imparcial.

Una vez estudiado el problema, y logrado la respuesta correcta, el resultado obtenido generalmente nos será favorable; esto se logra y es posible siempre y cuando hayamos aprendido las lecciones que cada experiencia nos ha brindado.

En algunas ocasiones es muy difícil dar solución a algunas de estas incógnitas, situaciones o problemas sin ayuda, especialmente en una temprana edad, como la tuya; por eso quiero decirte que siempre que tengas dudas e interrogantes, que al parecer no tienen solución adecuada o lógica, acude en busca de ayuda. Acuérdate de este consejo que ahora te estoy dando: siempre que te encuentres en situaciones difíciles o problemáticas, y que no encuentres soluciones razonables, acude a alguien que te oriente y te guíe para que puedas resolverlos.

Las personas más indicadas para solicitar su apoyo son: en primer lugar, estamos tu madre y yo, que siempre estaremos disponibles para darte ayuda y consejos. Siempre ten en mente que tus problemas son tus problemas, y que, con ayuda o sin ella, tú eres quien tiene que darles solución, ya que serás tú el único que recibirá los beneficios o perjuicios de las consecuencias que puedan traer consigo tus decisiones.

Hay otras personas en las que puedes confiar, como son tus profesores o profesoras. Ellos, estoy seguro te brindarán su apoyo, ya que es de suponer que son personas honestas y educadas, que han ido a una universidad a prepararse, y a aprender cómo ayudar a los niños y a los jóvenes. También puedes solicitar la opinión de los sacerdotes o ministros de cualquier religión; éstos te pueden dar un buen consejo. Además, debe haber algunas personas conocidas que sean de tu confianza.

—Esto quiere decir que puedo acercarme a cualquiera de estas personas con mis problemas confiando en que me ayudarán. —Argumenta Amado—

—Te diré. Con respecto a éstas personas, tienes que ser muy cauteloso al escucharlas, tomando en cuenta que siempre la decisión final debe de ser tuya y solamente tuya. El motivo por el cual te estoy haciendo esta aclaración es muy sencillo y fácil de entender: estos personajes son seres humanos, y por tal motivo pueden fácilmente fallar, cometiendo errores que podrían causarte mucho daño. Así que nunca olvides este consejo, y acuérdate siempre de reflexionar muy bien antes de tomar cualquier decisión.

Te daré una idea de lo que quiero decir. En lo que corresponde a tus profesores o profesoras, algunos de ellos toman más en serio los asuntos personales, tales como los relacionados con los gremios sindicales a los que pertenecen, así como también el involucrarse demasiado en el partido político en el cual militan.

Parece ser que en la actualidad, hay algunos maestros a los que, al parecer, les es más importante enfrascarse en cualesquier asunto no relacionado con la educación, que dedicarse de lleno a su profesión docente que es para lo que han sido capacitados.

Es casi imposible esperar de estas personas, mal educadas o mal intencionadas, una contestación correcta, ya que muchas veces ni siquiera se dignan dedicar el tiempo necesario para escuchar tus problemas, y mucho menos para tratar de ayudarte a que encuentres una solución adecuada. En todo caso, es aconsejable que trates de obtener su punto de vista. Observa y trata de entender si lo que te dice está dentro de lo que pudiera ser una contestación razonable; sólo de esta manera podrás darte cuenta si estás tratando con un persona bien intencionada o no.

El magisterio es una profesión que debería llenar de orgullo a cualquier ser humano; es una labor laudable llena de recompensas. Tal vez estas profesiones no son suficientemente bien remuneradas económicamente, pero sí lo son en valores que cuentan más que el dinero.

La satisfacción y el orgullo que les da el haber hecho algo bueno por los demás, los enaltecen y les brinda la gran oportunidad de contribuir a la formación de muchos caracteres, el influir en el desarrollo físico, moral y, sobre todo, intelectual de las nuevas generaciones.

Te hago esta aclaración porque no quiero que tengas una desilusión si te llegaras a encontrar con uno de esos profesores errados, que sólo están dentro de la docencia por satisfacer sus necesidades económicas. En casos así, lo mejor es que te mantengas lo más alejado posible de ellos.

Es bueno tomar precauciones, sin embargo, debemos tomar en cuenta que la gran mayoría de ellos—profesores y profesoras—son gentes honestas que se dedican en cuerpo y alma a su profesión.

No entiendo—dice Amado—. De acuerdo a lo que acabas de decir, hay algunas personas que solo fueron a la universidad con el fin de obtener un título que los acredite como profesores; para así, entrar fácilmente al sistema educativo. Eso es lo que no comprendo. ¿Que no hay un sistema de selección con el cual se pueda saber si una persona es apta o no, para desempeñar un puesto tan importante como es el de ser educador?

—A decir verdad, no lo sé, —dice Andrés—pero sí sé que tienes toda la rezón, hijo. Te prometo que voy a investigar, y muy pronto de dejaré saber el resultado de mis pesquisas.

Yo creo que si sería muy importante el tener un sistema selectivo, para que la sociedad se diera cuenta y tuviera confianza en el sistema educativo.

No sería justo, para los niños ni para los padres, que por el sólo hecho de haber terminado los estudios y recibido un diploma que acreditan a un persona como profesor, entrara a la docencia sin ningún otro requisito. Sería un error muy grave y la sociedad sufriría las consecuencias.

Para evitar que vayas a caer en manos de uno de estos individuos, recuerda: tú eres un ser único y estás viviendo tu propia vida. Esta es sólo una, pertenece a ti, sólo a ti y todo lo que a ella concierne es tu responsabilidad. Tú eres el único que debe tomar la decisión final en todo aquello que concierne a tu vida y futuro.

Nunca, por ningún motivo, permitas que otra u otras personas traten de forzar en tu mente ideas con las cuales tú no estés de acuerdo o no simpatices. Si llegaras a notar algo raro, o algo que te parezca fuera de lo normal, en alguno de tus profesores, déjanos saber para nosotros hacer algo al respecto.

El que recibirá los perjuicios o beneficios de tus actos serás tú. Según las decisiones que tomes en el manejo de tus acciones, así serán los resultados; por eso es muy necesario que consultes tu interior, y si no encuentras lo que buscas dentro de ti, no dudes ni por un instante el recurrir a alguien de tu confianza. Esa persona deberá ser una en la cual tú puedas confiar plenamente, sabiendo que va a iluminar un poco tu camino y te va a dar un buen consejo.

Antes que tomes una determinación, compara algunos de los consejos recibidos con tus propias ideas y experiencias; haciendo una comparación honesta, podrás concluir encontrando la mejor respuesta, la que tú creas que es la más favorable. Una buena decisión traerá consigo un resultado positivo. La mejor decisión que puedes tomar es aquella que tú creas que dará respuesta a tus inquietudes y a tus problemas en una forma honesta y responsable.

—Me has mencionado en varias ocasiones, lo importante que es pedir consejos u opiniones de otras personas antes de tomar decisiones importantes—. ¿Me podrías explicar el por qué?

—Si bien son necesarios los consejos, también es necesario que tú analices muy bien el significado de ellos antes de aceptarlos, ya que siendo tuya la decisión final, debes estar seguro que las ideas que recibas de otras personas concordarán y encajarán en el esquema donde piensas utilizarlos; tendrás que tomar en cuenta que tú eres el único responsable de los acontecimientos que ocasionen tus decisiones—. Como podrás comprender, son necesarios los consejos; pero también es muy importante analizarlos antes de aceptarlos.

Es aconsejable y muy prudente que recurras a ti mismo, o sea, que eches una mirada a tu interior y te preguntes: ¿Qué paso debo dar? ¿Cuál camino he de seguir? O bien: ¿Qué solución debo dar a este problema?

Aquí es donde puedes echar mano de los consejos recibidos de otras personas; someterlos a tu propio escrutinio y evaluar el contenido de éstos, comparándolos con tus propias ideas y tu forma de pensar. Te sorprenderán las respuestas que encontrarás. Estas por lo general estarán llenas de sabiduría, y serás tú el que elija la más acertada o la que mejor se adapte a tus necesidades.

Sé que algunas de estas enseñanzas te serán difíciles de entender; al mismo tiempo, conociéndote como te conozco, tengo la seguridad que tú sabrás guardar todas estas lecciones y algún día, cuando sean requeridas, estarán ahí para ayudarte. Será entonces cuando orgullosamente podrás decir: Estos consejos los recibí de mi padre.

—¿Podrías decirme o sugerirme alguna otra fuente donde pueda ilustrarme? Quisiera obtener conocimientos más allá de los que pueda adquirir en la escuela—. Yo creo que mientras más conocimientos adquiera, me será más fácil salir adelante. ¿No crees?

—Naturalmente que sí, hijo—. Hay una forma muy adecuada de adquirir información y buenas ideas: los libros. Por medio de la lectura adquirirás cultura y sabiduría. Además de instruirte y capacitarte, te sacarán del oscurantismo; leyendo buenos libros aprenderás muchas cosas. Los libros son una fuente inagotable de saberes.

Si tú, ahora que estás empezando a vivir, te acostumbras, si te formas el hábito de leer buenos libros, puedes tener la seguridad de que tú nunca estarás en el grupo de los que no saben nada, ya que, aunque no sepas todo lo que hay por saber, sí sabrás mucho.

Debes saber que no todos los libros son buenos, por eso enfatizo lo de los buenos libros. Tienes que seleccionar muy bien todos los temas antes de leerlos. Hay algunos que, si bien son agradables, pueden ser nocivos y, en vez de ilustrarte, llenarán tu mente de cosas superfluas y vanas; sólo te conducirán a mal interpretar, a mal entender las realidades de la vida.

Siempre procura seleccionar lecturas que te enseñen algo interesante, bien sea en el campo de la cultura, la ciencia, la tecnología o que por lo menos abran en tu mente la ventana de los sueños. Los sueños son algo

DESAFIANDO AL FUTURO

maravilloso, y es muy natural que te llenen de ilusiones, que te transporten a un mundo fantasioso en el que sólo reina el encanto, la fantasía y la felicidad.

El hombre sin un centavo vale más que el hombre sin un sueño. Soñar te abrirá las puertas del universo, del mundo de las posibilidades, de ese mundo donde todo es realizable, donde con un poco de esfuerzo podrás concretar tus sueños. Por eso mi consejo es que sueñes y no te canses de soñar. Los sueños, acompañados del esfuerzo necesario, te conducirán a la realización de todo eso con lo que tú has soñado.

También puedes leer libros que te guíen en el difícil sendero de la vida. Hay personas, autores y autoras, que han dedicado una gran parte de su vida a tratar de encontrar ese camino tan difícil de saber vivir; han descubierto la forma de encontrarlo y han sido capaces de plasmarlo en sus escritos haciendo posible que, al leerlos, cualquier ser humano pueda aprender de ellos cómo encontrar su propio camino. Hay, además, libros escritos de hombres ilustres que, en una forma u otra, han dejado huellas muy profundas en el desarrollo de la humanidad; la vida de estos seres extraordinarios que han logrado sobresalir, son personas de las cuales podríamos aprender mucho, con el sólo hecho de tomar sus vidas como ejemplo para normar las nuestras.

Para continuar, quiero decirte algo que me parece de vital importancia. Espero que puedas entender lo que a continuación te diré. Tú estás en la etapa de la vida en la cual el desarrollo, tanto físico como mental, está en su plenitud. Son los siguientes años de tu vida los que darán forma a tu carácter. Tú espíritu crecerá de acuerdo a tu forma de pensar; también crecerás en el sentido de cómo enfrentar los problemas de la vida cotidiana.

Deberás poner todo lo que esté de tu parte para desarrollar el instinto de pensar antes de actuar, de tratar de dar solución a todos y cada uno de los problemas que se te vayan presentando. ¡Nunca dejes para mañana lo que puedas hacer hoy!

Todos los problemas que no resuelvas se irán acumulando; crecerán en volumen y fuerza hasta convertirse en monstruos que terminarán por arruinar, no sólo tu vida, sino que causarán malestar a todos tus seres queridos.

Muchas veces los problemas acumulados son los causantes de que las personas se entreguen por completo a los vicios; algunos de estos individuos piensan que con el alcohol o las drogas van a olvidar todos los problemas y errores que cometieron en el pasado; y lo más probable es que sí olviden todo lo ocurrido con anterioridad, pero este olvido será pasajero, ya que sólo durará el tiempo que permanezcan intoxicados.

Nunca, por ningún motivo, trates de resolver tus problemas embruteciéndote con las drogas o el alcohol, esto podría causar que, si cada que tienes un problema lo tratas de resolver de esta manera, crearías un mal habito con lo que te convertirías en un adicto, lo cual te causaría mucho daño.

Cuando pasen los efectos de los estupefacientes en estas personas, se encontrarán de nuevo con la cruda realidad: los problemas están ahí, no han desaparecido; en lugar de esfumarse, han aumentado su volumen y su intensidad. Al comprender su situación, estos individuos regresan a ese estado de estupor causado por los estupefacientes y el alcohol.

Esto ocurre en la gran mayoría de los casos de alcoholismo y drogadicción. Nunca dejes un problema para resolverlo MAÑANA, porque ese mañana es el día que nunca llega. Resuelve tus problemas según se vayan presentando; aprende lo que tengas que aprender y olvida lo que tengas que olvidar. RESUELVE TUS PROBLEMAS HOY.

La realidad de la vida varía; cada persona la percibe diferente. La percepción es la que hace la diferencia; lo que algunas personas perciben como bueno, para otras puede parecer malo. La percepción de una y otra persona son distintas. Percibimos las cosas de acuerdo al modo de pensar y a la información que llevamos dentro; por eso hay que tomar en cuenta que una persona lleva impreso un banco de datos completamente distinto al de otra.

—¿A qué se debe ésta variación en la percepción de los individuos? —Pregunta Amado—

—Esto se debe a la sencilla razón de que la vida de cada individuo, de cada ser, se ha desarrollado en situaciones y circunstancias distintas; cada una de ellas ha tenido distintas experiencias, las cuales se encuentran almacenadas en su mente, siendo éstas las que en gran parte originan la forma de pensar y de actuar; por eso hay muchas formas de pensar, actuar y ver la realidad de la vida.

La realidad en sí es una: la verdadera. Como ya mencioné con anterioridad, tiene distintas facetas; distintas formas de verla, y éstas son las que hacen la diferencia entre la percepción individual de la vida entre las personas.

Son las experiencias que hayan vivido o experimentado las personas las que darán formación a la manera de interpretar los sucesos y eventos de la vida. La realidad la interpretamos, hasta cierto punto, de acuerdo a nuestras experiencias.

Si logramos cimentar muy bien este concepto evitaremos caer en una mala interpretación o sea en un MAL ENTENDIDO. Estos malos entendidos son los que nos harían tomar las decisiones equivocadas, y los resultados podrían ser perjudiciales. Así pues, tú tendrás que aprender a ser tu propio maestro, vigilando y acechando tus pensamientos. Sólo así podrás educar tu mente para dar cabida a los pensamientos positivos, y desechar los negativos. Tienes que aprender a ser el maestro de tus propios pensamientos

—Sí, papá . . . Lo que me dices está bien, y entiendo casi todo, aunque algunas cosas no las comprendo muy bien. Pero . . . ¿podrías guiarme y decirme cómo puedo lograr todo esto?

—Hijo . . . Todo lo que tienes que hacer, es tratar de preparar tu mente a recibir en forma adecuada y organizada todas las lecciones y experiencias que vayas aprendiendo y experimentando a lo largo de tu existencia. En esta forma, podrás seleccionar fácilmente aquello que requieres para salir adelante. Ahora que empiezas a vivir, es cuando debes acostumbrarte a llevar una vida sana, apegada siempre a la verdad. Si logras mantener tus pasos en la dirección correcta, sin perder el rumbo, lograrás llegar a tu destino venturoso sin mayores dificultades.

Hay además algo importante que debes entender y aprender; ser honesto contigo mismo y ser capaz de enfrentar todos los problemas y situaciones de la vida con valor y honestidad; también deberás reconocer las situaciones que te hagan sentir débil y las que te hagan sentir fuerte.

El conocimiento de ti mismo es el que hará la diferencia entre una buena y una mala decisión; también debes saber cómo enfrentar una situación dada, sin importar la razón o causa que la haya originado. Esto te hará aceptar hasta lo imposible en situaciones muy difíciles.

Ahora bien, si tu forma de enfrentar una situación no funciona y no te da el resultado deseado, eso te indica que hay más por aprender y que tendrás que ir en busca de alguien que pueda ayudarte, o bien esperar a que los hechos o acontecimientos te revelen lo que es necesario hacer, o que debiste haber hecho. De cualquier forma, tendrás que aceptar que el resultado deseado nunca será perfecto.

— ¡Oye, papá! —No entiendo eso de que el resultado nunca será perfecto—. ¿Que no hay resultados perfectos?

—¡No!, no los hay—En este nuestro mundo no hay nada perfecto. Trataré de explicarte un poco más a fondo lo que quiero decir. Pero antes dime. ¿No estás cansado? A mí me parece que nuestra plática se ha alargado demasiado; no quiero poner muchos de estos conceptos en tú cabecita; porque, podría confundirte y de nada te servirían todas éstas enseñanzas

DESAFIANDO AL FUTURO

que estoy tratado de infundirte. ¿Cómo ves? ¿Seguimos, o dejamos esto para otro día?

—Yo deseo continuar, no estoy cansado; además, eso de que dices "que no hay nada perfecto", esa frase me intrigó y quiero saber su significado—. Así que, en lo que a mí concierne puedes continuar estaré muy atento a tú explicación.

—Muy bien, si así lo deseas, así será—.

Generalmente, cuando hablamos de perfección, estamos hablando de algo que se encuentra muy cerca de lo perfecto, ya que en sí lo perfecto no existe; al menos la perfección es algo que en ninguna forma pueda atribuirse a la humanidad. Si nos ponemos a observar cuidadosa y detenidamente todo lo que nos rodea, nos daremos cuenta que en todo hay cierta imperfección; aunque sea en una escala mínima, pero hay imperfección. Bien pudiera ser que ésta se presente sólo ante el ojo humano. De cualquier forma, yo me inclino a pensar que lo perfecto no existe; esto desde luego, cuando se refiere el género humano.

Al hablar de que un resultado esperado no es perfecto, esto quiere decir que, si bien está muy cerca de ser lo deseado, siempre habrá una discrepancia entre lo deseado y el resultado. Por lo tanto, si no estás satisfecho con el resultado obtenido, y tu deseo no ha sido cumplido del modo que tú esperabas, tendrás que trabajar y luchar por obtener un resultado que mejor se adapte a tus deseos, y sobre todo uno, con el cual te sientas satisfecho; pero recuerda: el resultado nunca será un cien por ciento lo deseado.

Andrés, habiendo aclarado este concepto, tanto como le fue posible; viendo que es demasiado tarde, dice a su hijo: Amado creo que nuestra conversación de hoy se alargó un poco más de lo normal, pero está bien; sólo espero que hayas aprendido algo que te sirva en el futuro. Esto es lo que estoy tratando de hacer en todas estas pláticas; pasarte algunas de mis experiencias para que aumentes tus conocimientos

Después de esta provechosa y amena plática que Andrés entablara con su hijo, regresa a sus ocupaciones. Al mismo tiempo, Amado se dirige a su habitación a continuar con su trabajo escolar, el cual había suspendido para ir a consultar a su padre.

En los primeros años de vida de todo ser humano se da el proceso de programación. Por medio de esta programación se nos imprime todo aquello a lo que vamos siendo expuestos. Este proceso se lleva a cabo mediante varias formas; una de ellas, y tal vez la más importante, el aleccionamiento que recibimos de nuestros padres.

Después de unos días de nacidos empezamos a captar y aprender todo lo que se nos enseña. En adelante, comer, caminar y hablar, son sólo unos cuantos de los muchos aprendizajes que obtenemos de ellos. Este proceso es el que más tarde formará nuestra base de datos, a la cual inconsciente y automáticamente recurre nuestro intelecto para actuar del modo que lo hacemos en nuestra vida adulta.

Con todos los conocimientos trasmitidos de una generación a otra se forma una cadena que crece con todos sus aciertos y deficiencias y, con el transcurso del tiempo, esta cadena es casi imposible de romper. Habiendo aprendido de nuestros padres todo lo que en un principio nos enseñaron, tomamos todos esos conocimientos como verdaderos e inequívocos.

Otra buena porción de nuestros conocimientos los aprendimos de la vida misma, viviendo el presente, viviendo el momento, poniendo atención a los acontecimientos por los que atravesamos en el transcurso de nuestra existencia. Así es como hemos aprendido todo lo que sabemos. En otras palabras, aprendimos mucho de nuestros padres y aprendimos mucho de las experiencias propias así como también de las de otras personas. Debemos tener esto en cuenta para que formemos nuestro propio criterio, de acuerdo a nuestros propios conocimientos y aprendizajes.

La información que obtuvimos de nuestros padres pudo haber sido trasmitida con algunos errores, tales como el ejemplo que a continuación daré. Hay muchos padres que, aunque son bien intencionados y tratan de hacer lo que ellos creen es lo más aconsejable, corrigen a sus hijos enfocándose más en la crítica que en la alabanza. Esta forma de corrección para mí es un error gravísimo que se comete muy a menudo.

Esto crea en las personas jóvenes un problema psíquico y mental de culpabilidad y baja autoestima; por eso algunas personas adultas llevan una visión equivocada de ellos mismos que no corresponde a su realidad, por tal motivo; estas personas no llegan a desarrollar todo su potencial.

Por lo general, una persona que ha sido educada bajo estas condiciones, al llegar a la edad adulta, tratará de educar a sus hijos en la misma forma que él fue educado, en la creencia de que lo que está haciendo es lo correcto. Habiendo recibido de sus padres esta forma de corrección, esta persona, sin siquiera pensarlo, hará lo mismo con sus hijos

Ampliar nuestro propio criterio a este respecto nos dará la confianza para actuar y proceder a desvanecer lo que vemos erróneo o equivocado, y también de fomentar lo que nos parezca bueno y positivo. Así, por medio de las rectificaciones, lograremos ampliar nuestros conocimientos acerca de lo que está bien o de lo que está mal. Una vez que seamos capaces de distinguir entre estos dos conceptos, sentiremos el deseo, la necesidad y la obligación de hacer los cambios correspondientes.

Como podremos observar, todo este proceso además de ser un tanto complicado y tomar bastante tiempo para detectarse, es sumamente difícil de comprender, ya que la mayor parte de lo que llevamos grabado en nuestra mente, fue impreso durante los primeros años de vida, y por provenir de nuestros padres lo damos por verdadero, por real, siendo éste el motivo por el cual vamos cargando todo ese peso de los acontecimientos equivocados cometidos en el pasado.

Hoy, en el presente, llevemos toda esa carga acumulada durante muchas generaciones sobre nuestros hombros. Un buen día, cuando tengamos más conocimientos y lleguemos a comprender que tales o cuales ideas que llevamos en nuestras mentes están mal; debemos corregirlas o eliminarlas por completo.

En una ocasión, a la hora de la comida, que es cuando se encuentran juntos, Amado pregunta a su papá:—¿Es posible que me expliques un poco de lo que es el amor?

Andrés accede sin poner trabas ni excusas, y da principio diciendo: El amor es un sentimiento de mucha o poca intensidad, según la fuerza con la que éste se manifieste. Éste sentimiento emana de lo más profundo de nuestro ser creando una fuerza, una especie de magnetismo tal, que hace que nos inclinemos hacia lo que más nos agrada, a lo que es de nuestra preferencia, bien sea esto una persona, un objeto, un acontecimiento y todo aquello que es de nuestro agrado. Pero me imagino que tu pregunta va dirigida hacia lo que es el amor de una persona a otra. ¿Estoy en lo correcto?

—Si, papá. Así es—.

—Tomando esto en consideración—prosigue Andrés—trataré de explicarte hasta donde me sea posible, lo que es el amor—. Esto del amor es un tema difícil de explicar y entender, ya que son muy variadas las formas en que la gente percibe el amor.

Con mucha frecuencia los seres humanos confundimos el amor con el sexo. Esto para mí es completamente erróneo, pues además de crear un mal entendido, desorienta a las personas. Yo creo que esta confusión es ocasionada por la relación tan estrecha que existe entre el amor y el sexo; por eso tenemos que ser muy cuidadosos y saber distinguir uno del otro.

La sensación sexual sólo es un placer que se experimenta al tener relaciones íntimas una pareja, o bien el placer que se proporcione una persona a sí misma. En cambio el amor se manifiesta en muchas y muy variadas formas. Hay distintas clases de amor: el de padres a hijos y viceversa, el de parejas, el que se siente entre hermanos o amigos, así como también el que sentimos por nuestras mascotas etcétera. Estos son algunos de los más comunes.

Como comprenderás, son distintas y diferentes las formas en que el amor se manifiesta.

El amor de enamorados, ese amor que emana, principalmente, de la atracción entre dos seres del sexo opuesto, y que aparece en los primeros años de nuestra juventud, es tal vez el más importante, y al mismo tiempo el más sublime y más hermoso de todos los amores. Este amor es sumamente complicado, muy difícil de comprender y controlar; nunca sabemos cómo llega; sólo lo sentimos cuando ya está adentro, muy metido en nuestro ser.

Cuando esto sucede, es cuando nos damos cuenta de lo que ha ocurrido: hemos caído en las redes del amor, estamos enamorados.

El primer amor es un amor sutil que invade nuestro ser llenándolo de ilusiones y fantasías que nos mantienen en un estado de éxtasis; mientras éste dura, nos trasladamos a un mundo nuevo donde todo es dulzura, paz y tranquilidad; sentimos que no nos falta nada; estamos completos, llenos de felicidad.

Es tal nuestro embeleso, que quisiéramos nunca salir de esta etapa de nuestra existencia; sin embargo, también éste pasará, igual que todas las cosas en esta vida. Todo llega y se va, dejando sólo las huellas de un pasado que nunca volverá.

En la vida amorosa de una persona suele haber mucha diferencia entre la huella que deja el primer amor y los amores subsecuentes. El primer amor deja una marca tan profunda que jamás se borrará; sin embargo, los amores que experimentamos después del primero, aunque si bien dejan sus huellas, éstas serán más fáciles de deshacer ya que con el sólo pasar del tiempo, desaparecerán.

El amor es algo imprescindible en el ser humano. Sin el amor no podríamos existir, ya que por amor venimos a este mundo; sin el amor no habría sido posible nuestra existencia.

Cuando no hay amor en las personas, sólo reinarán en ellas la soledad, la amargura, y el abandono. El dolor que causa el sentirse solo y desamparado traerá tristeza; el sentirse despreciado por los demás es el peor castigo que puede recibir una persona que no siente amor por nada ni nadie. En cambio, con amor la vida te ofrece todo: felicidad, alegría, paz y serenidad.

Esto del amor, como ya te mencioné, es un tema difícil por abstracto. Si digo esto es porque, si bien es complejo, y a ti tal vez te parezca casi imposible de entender, no lo es tanto como parece, sólo que tus pocos años de vida te harán pensar que esto del amor es cosa del otro mundo. Pero no, es un sentimiento muy natural en el ser humano; ya lo comprenderás cuando tengas más edad.

Según he entendido, me has hecho esta pregunta con el fin de interpretar un sentimiento que recién ha llegado a tu vida, y lo más probable es que sientas atracción por alguna chica que te guste. ¿Estoy en lo correcto?

—Bueno . . . yo creo que sí—contesta Amado—. Estás en lo correcto.

Creo pertinente darte un poco de tiempo para que pienses sobre este tema. Sólo así podrás comprender mejor lo que te he explicado. Al mismo tiempo yo también trataré de meditar un poco acerca de cómo hacerte entender lo delicado de este tema tan importante.

Mañana continuaremos nuestra plática. Has de comprender que para mí es de mucha importancia mantener una estrecha comunicación entre padre e hijo. Sólo así, cuando surjan tus dudas, como la que ahora experimentas y me las comuniques, me será posible ayudarte. Estas pláticas que venimos sosteniendo a la hora de la comida son de suma importancia para ambos: tú tienes mucho que aprender, y yo mucho que enseñar.

Al día siguiente, aproximadamente a las dos de la tarde, que es la hora en la que toda la familia suelen reunirse a tomar sus alimentos, todos llegan directamente a sus respectivos asientos; una vez sentados a la mesa, y estando todos en silencio, Andrés da principio a las oraciones con las que acostumbran dar gracias a Dios por los alimentos que están a punto de recibir. Terminado esto, el señor Cortazon hace una seña para que empiecen a servir la comida.

En espera del primer platillo, Andrés da principio a la plática diciendo: Hijo, quiero dar seguimiento a la conversación que veníamos desarrollando con anterioridad.

Te acordarás que platicábamos acerca del AMOR. Yo creo que todo lo concerniente al amor, debido a su complejidad, pudiera estar fuera del alcance de tu percepción; esto debido a tu corta edad, por lo que tal vez no seas capaz de comprender todo lo que pudiera explicarte acerca de este tema. En realidad, la pubertad es la etapa de la vida en la cual deberás tener conocimiento de lo que es el amor, principalmente el de enamorados

Por ahora sólo te diré que más adelante en tu vida, cuando te encuentres en una situación amorosa difícil, la que pareciera no tener solución, podrás echar mano de todos esos conocimientos que has adquirido de tus experiencias en el poco tiempo que ha transcurrido en estos tus primeros años de vida.

Tal vez ahí encuentres la respuesta que tú buscas o deseas. En el caso de que no encontraras una respuesta razonable que satisfaga tus necesidades, acércate a nosotros. Somos tus padres y estamos aquí para ayudarte en todo lo que nos sea posible. Además de darte todo nuestro apoyo, tenemos la obligación de guiarte, dirigirte y darte un buen consejo cada vez que lo necesites. Ver que salgas adelante en la vida es nuestro mayor deseo.

Antes de seguir adelante con nuestra plática de todos los días, y antes de cambiar de tema, trataré de explicarte en una forma somera, sin profundizar mucho, acerca de lo que es el amor en general, dejando a un lado el amor de enamorados.

—Sí, papá—. Comprendo muy bien lo que quieres decir, aunque me gustaría saber, por lo menos, qué es la pubertad y por qué es tan difícil esta etapa cuándo una persona joven llega a ella. ¿Podrías explicármelo?

—Naturalmente que sí, hijo—. Trataré de decirte a grandes rasgos lo que yo sé concerniente a la pubertad. Pubertad, es el nombre que se le da a ese periodo en el que, las glándulas reproductoras comienzan a funcionar;

cuando ciertos caracteres sexuales se manifiestan y, muy bien podríamos decir, que es la época en la que aparece y empezamos a sentir la atracción del sexo.

Algunas veces me es un tanto difícil encontrar las palabras que tú puedas entender, para que veas con claridad aquello que estoy tratando de explicarte. Espero que esta explicación que te he dado acerca de la pubertad, aunque demasiado corta, haya sido suficiente para que puedas entender el significado de la pubertad. Dime si has entendido para poder continuar en el tema que estábamos tratando.

—Sí, papá—. Creo haber entendido, así que puedes continuar con lo que me decías del amor.

—Quiero que grabes muy bien en tu mente lo que a continuación te diré—: El amor es un sentimiento, y siendo un sentimiento, tiene una fuerza impresionante. Al parecer todo lo puede, y hasta me atrevería a compararle con el mismo Dios, con ese Dios Todopoderoso que saca todo de la nada y de la nada ha sacado todo. Todo lo que existe en el universo proviene de Él; Él lo creó. Ese Dios para el que no hay imposibles. ¡Sí!. El amor lo podemos poner al mismo nivel, o más bien podríamos decir que el amor es el mismo Dios. "Dios es todo amor". Todo lo que el ser humano intente hacer, ¡LO PUEDE REALIZAR!, siempre y cuando lo haga con amor, con ese amor que emana de Dios.

El amor todo lo puede, y si tenemos fe y amor, juntos con la intención, éstos se encargarán de que el producto de todos nuestros deseos traiga consigo un resultado feliz. Esto es, si el deseo es bien intencionado, o dicho de otro modo, que el deseo no lleve la intención de herir o hacer mal a nadie. ¡Ah!, pero si no hay amor, sino mala intención, entonces aún con la mejor intención del mundo no habrá resultado feliz. Sólo encontraremos la desilusión de ver nuestros deseos frustrados.

Además de ver nuestros deseos frustrados, nos daremos cuenta de que cada una de estas experiencias han dejado un gran vacío en nuestro ser, el cual aumentará el dolor que dejan las ambiciones no logradas, un dolor que nos harán sentir perdidos en ese mar inmenso de la inseguridad, en ese alborotado mar en el que nuestro barco se encuentra navegando a la deriva, sin un rumbo fijo, siguiendo únicamente la dirección del viento, sin tener siquiera una idea de adónde nos llevará ni qué futuro incierto nos espera.

Esto, si es que logramos mantener la nave a flote, y no nos hundimos en las turbulentas aguas de ese mar embravecido de la desesperación; lo que nos llevaría al caos y a la desolación.

La juventud—continúa Andrés—es la etapa en la que empiezan a surgir en nuestras mentes algunas interrogantes, muy distintas de las que aparecían en la niñez, entre las que destaca una que tal vez sea la más importante: cómo encontrar la felicidad. La felicidad es algo muy elusivo: sumamente difícil de alcanzar para algunos y muy fácil para otros.

—¿En qué consiste esta diferencia? —Pregunta Amado—, por lo que dices entiendo que esta diferencia es tan grande que, muy bien podríamos compararla con la diferencia que existe entre el día y la noche y, esa es una diferencia enorme: en el día todo es claridad; en la noche, sólo hay obscuridad.

—Tienes razón—, tal vez la comparación que hice no fue la adecuada; pero en fin, esto fue sólo con la idea de tener algo con qué comparar.

Bueno, hijo; esta diferencia se debe principalmente a la forma de vivir y actuar de las personas; porque si una persona actúa bien y obra bien, o sea, que hace el bien sin fijarse a quién, lo más seguro es que viva una vida feliz; tal parece que todo le llegará muy fácilmente y sin ningún o poco esfuerzo. En cambio, el individuo que obra mal y hace daño a los demás, será infeliz, todo le será más difícil y problemático. Todo en la vida es así: la vida siempre cobra y paga las facturas. Mi consejo es: vive tu vida bien, actúa bien, siempre tratando de hacer todo en beneficio de los demás y, sobre todo, nunca hacer mal a nadie.

—Entonces—. ¿Puedes explicarme qué es la felicidad y cómo encontrarla?

—Naturalmente que sí—. Lo primero que hay que tomar en cuenta es que la felicidad es un estado de ánimo. La satisfacción que te da el haber realizado exitosamente una obra u obtenido un bien te hará sentir lleno de felicidad; además, la felicidad y la ilusión son compañeras inseparables.

Cuando tenemos una ilusión y logramos hacerla realidad, nos sentimos felices; la felicidad invade todo nuestro ser llenándonos de alegría y satisfacción, satisfacción que nos da el hecho de haber cumplido un sueño, un deseo, una ilusión.

Cuando no logramos hacer realidad nuestros sueños, deseos o ilusiones, nos sentimos infelices. Pero debemos comprender que las ilusiones son pasajeras, van y vienen, esfumándose al fin, dejando sólo los recuerdos. Las ilusiones son uno de los recursos internos de los que se sirve el intelecto para hacernos felices o infelices. La felicidad está ahí, dentro de nosotros mismos. Todo lo que tenemos que hacer es encontrarla.

—¿Cómo podemos encontrar esa felicidad que, de acuerdo con lo que acabas de decir, se encuentra dentro de nosotros? —Cuestiona Amado—

—Para encontrar la felicidad no tenemos que profundizar mucho en nuestra búsqueda—contesta Andrés—. Como decía antes, la felicidad existe dentro de nosotros mismos. Todo lo que tenemos que hacer para encontrarla es cambiar nuestro estado de ánimo.

—¿Y qué es lo que tenemos que hacer para cambiar nuestro estado de ánimo? —inquiere Amado—. En primer lugar tenemos que cambiar mentalmente la actitud que tenemos en la vida. Si tenemos una actitud positiva, todo marchará bien; si adquirimos una actitud negativa, todo nos saldrá mal. Vivir una vida cimentada en la verdad es el camino que mantendrá nuestro estado de ánimo latente, vivo, vibrante, lo cual nos hará sentir la paz interna que es la que nos dará la felicidad.

No podemos ir en busca de algo que no hemos perdido. Todo lo que necesitamos es descubrir que la felicidad la llevamos dentro de nuestro ser y que todo lo que tenemos que hacer es ser felices, sin importar las circunstancias por las que estemos atravesando.

Aquí lo importante es saber que no debemos ir en busca de la felicidad fuera de nuestro interior porque, si lo hacemos, lo más probable es que busquemos en el lugar equivocado, y entonces sólo encontraremos ansiedad, angustia y desesperación. Yo creo que si todo lo que hacemos, lo hacemos con amor, todo será felicidad. Para vivir una vida llena de felicidad solo es necesario caminar por el sendero del amor.

El preocuparnos demasiado de lo que pudiera pasar en el futuro, es uno de los factores que podrían privarnos de la felicidad; así como también, el sentirnos culpables por algo que hubiéremos hecho o no

Son muchos los senderos y veredas que encontraremos a lo largo de nuestra existencia. Para encontrar el camino correcto tendremos que encontrar primero el que nos lleve a conocernos a nosotros mismos. Una vez hecho esto, todo lo que tenemos que hacer es caminar por la vida con paso lento, pero seguro, siempre vigilando que nuestros pasos estén sentados en el terreno de la verdad, ya que la verdad es la que nos guiará, nos llevará y nos mantendrá siempre en el buen camino.

Al mismo tiempo, es el camino de la verdad el que nos ayudará a encontrarnos a nosotros mismos y el que nos conducirá siempre a hacer nuestros sueños realidades. La realización de nuestros sueños es lo que nos dará la felicidad, que es lo que todos buscamos en la vida.

Además, debemos estar muy alerta, porque cuando menos lo esperemos, y casi sin darnos cuenta, nos encontraremos caminando en el sendero del amor, y éste es el que nos conducirá hacia la felicidad. ¡Ah!, pero si no estamos con la mente abierta y no nos damos cuenta, no percibimos y no descubrimos que estamos en el camino del amor, pudiera ser que la oportunidad que estamos esperando para ser felices, nos pasará desapercibida, dejándonos en espera de lo que ya fue, y que tal vez en un buen tiempo no se vuelva a presentar.

Una vez que nos cercioramos de que nos encontramos en el sendero del amor, éste nos conducirá, sin temor a equivocarnos, hacia lo que tanto deseamos: ¡LA FELICIDAD! Como ya mencioné, el amor lo puede todo y nos da todo; además de hacernos felices, nos da paz y tranquilidad, nos hace sentir seguros, nos da inspiración y, sobre todo, nos hace conocer aquello que llevamos escondido en lo más profundo de nuestro ser y que al extraerlo y exponerlo ante el proceso de nuestra propia investigación, nos daremos cuenta de que lo que llevamos dentro de nuestro ser es lo más puro lo más perfecto: ES DIOS.

En casa es donde aprendemos a amar a Dios. Amarnos y respetarnos a nosotros mismos, para saber amar y recibir amor

Es necesario estar conscientes de todo lo que hacemos; esto es algo muy importante en la vida. Debes saber y comprender muy bien lo que es la conciencia, así como también mantener este conocimiento siempre en tu pensamiento a fin de que puedas usarlo conscientemente; o sea, que debes estar seguro de que cada vez que debas tomar una decisión, tengas la convicción de que es lo correcto. Esto te dará la seguridad para no dejar que otros hagan decisiones que corresponden solo a ti

Saber llegar a decisiones conscientes, basadas siempre en la verdad, es lo que te dará satisfacción y felicidad. Cada vez que tomes una determinación correcta te llenarás de orgullo y bienestar. Cada vez que tomes el camino equivocado y hagas una mala resolución, te sentirás mal y deprimido, así como también podrás sentir la infelicidad de la derrota.

—¿Qué es lo que debo hacer para hacer una decisión correcta? —pregunta Amado.

Para hacer una buena disposición es necesario que siempre tomes unos instantes para que reflexiones; esto te ayudará enormemente a ver con más claridad lo que vas hacer así también ganarás el tiempo suficiente para encontrar el mejor fallo posible, echando mano de todos aquellos conocimientos que llevas guardados dentro de ti.

Cualquiera que sea tu decisión, ten en cuenta esto: ¡NUNCA, POR NINGUN MOTIVO, DES CABIDA EN TU MENTE AL ODIO Y AL RENCOR! Estos harán la diferencia entre lo bueno y lo malo de tus acciones, ya que son capaces, no sólo de hacer que tu mente distorsione todo y te haga pensar o realizar cosas inconcebibles que causarán mucho daño, no sólo en ti, sino en todos los seres queridos que te rodean.

Por ahora, creo que la conversación de este día ha sido lo bastante provechosa, dice Andrés. Sólo espero que ésta haya sido lo suficientemente clara, y que hayas podido captar lo que en ella he tratado de exponer, y lo puedas comprender y almacenar. Además, quiero quedarme con la idea de que algún día puedas usar estos conocimientos y experiencias que a mí me han dado los años.

Con este último parlamento, y habiendo terminado la comida, Andrés da por terminada la plática de este día, y con una mirada cariñosa por despedida, cada uno vuelve a sus ocupaciones. Andrés se dirige hacia su oficina, que se encuentra a unos cuantos pasos, y Amado va directo a su habitación, donde hará parte del trabajo escolar que aún le queda por terminar.

REFLEXIONES A CERCA DEL FUTURO DE LOS HIJOS

ES DE NOCHE, aproximadamente las diez. Es la hora en que Andrés suele retirarse a su alcoba, donde pasará el resto de la noche en compañía de su adorada esposa.

Margarita ya se encuentra en el recinto preparándose para descansar después de un largo día de actividades. Aunque un poco cansada, siempre está dispuesta a recibir a su esposo con una amable sonrisa y, como siempre, con la pregunta habitual: ¿Cómo fue tu día, querido? Espero que no estés muy cansado, ... trabajas tanto que, . . . créemelo, no sé cómo le haces o de dónde sacas tanta energía, porque yo termino mis días rendida y agotada. ¡Ah!, pero eso sí, muy feliz.

Siento una gran satisfacción al saber que he cumplido con mis obligaciones; me da un gran placer. Mi cuerpo y todo mi ser se llena de regocijo y alegría; el sólo pensar que he dado lo mejor de mí misma en éste y todos los días y años maravillosos que hemos pasado juntos, me hace sentir completa y feliz.

Para mí, . . . —continúa Margarita— éste, al igual que todos los días, termina a la hora de ir a la cama. Estar aquí junto a ti, sentir el calor de tu cuerpo y escuchar las dulces palabras de elogio con las que siempre me recibes, me llena de alegría y felicidad. Yo sé que tú me quieres, que me amas tanto como yo a ti. Hasta he llegado a pensar que todo esto es un sueño, que no puede ser posible tanta felicidad. Pero ¡NO! NO ES UN SUEÑO; o más bien dicho, sí es un sueño; pero un sueño hecho realidad, realidad que espero nos dure toda la vida.

Ojalá que seamos capaces de mantener la llama del amor encendida; sobre todo, que seamos conscientes de conservar esta relación estrecha, honesta y sincera que hemos mantenido desde el feliz día en que nos conocimos.

Andrés, como siempre, se siente muy feliz y halagado al ver que la vida le ha sonreído dándole una mujer cariñosa, comprensiva y, sobre todo, una buena compañera. Para él es como una bendición de Dios.

—Bueno, querida—dice Andrés—acercándose cariñosamente a su esposa. Después de abrazarla tiernamente y poner la cabeza de ella sobre su pecho, continúa diciendo: Tú siempre me elogias a mí, siendo que eres tú la que debería ser no sólo elogiada, sino enaltecida y puesta al nivel de los santos, ya que con ese modo de ser tan peculiar que posees, haces que aun las tareas más difíciles parezcan como si fueran un juego de niños.

Yo te adoro y te admiro, no sólo porque eres mi esposa, sino porque como ser humano vales mucho. Ese carácter tan hermoso que tienes hace que toda la gente te admire, te respete y te quiera. En lo que a mí corresponde, lo poco o mucho que he podido observar, y que creo hace la diferencia entre tú y todas las demás mujeres, es que tú todo lo haces con cariño, humildad, respeto y, sobre todo con mucho, pero mucho AMOR, y el amor, como tú bien lo sabes, es el eje alrededor del cual se mueve todo.

—Margarita, ya una vez bajo las cobijas en un ambiente más íntimo, hace la siguiente pregunta a su esposo: ¿Qué es lo que estás tratando de enseñar a nuestro hijo? Hoy escuché y me di cuenta que tuviste una conversación larga e interesante. Bueno, digo yo interesante, porque en lo poco que pude escuchar, me pareció además de muy interesante, sumamente instructiva; sólo que pienso que estas lecciones le van a ser un poco difíciles de entender, desde luego considerando su corta edad.

Quiero imaginar, y no sólo imaginar, sino que estoy segura de que todo lo que pienso es la pura realidad: siempre que tú dices algo, estás en lo correcto. Además de ser muy acertado en tu forma de razonar y actuar, tienes mucha sabiduría, toda la sabiduría que te han dado los años. Esos años que has sabido vivir y aprovechar sabiamente, aprendiendo de tus propios errores. Al mismo tiempo has sido capaz de comprender y asimilar todas las lecciones que la vida te ha enseñado.

Me siento muy orgullosa de ser tu esposa; te admiro y te respeto. Me sorprende sobremanera ver la paciencia que has tenido siempre, pensando cuidadosamente en todo lo que vas a hacer o decir antes de actuar, lo cual te ha hecho ganar mucha sabiduría en la vida. En el caso de nuestro hijo, sé muy bien que estás tratando de hacer lo que es mejor y más conveniente para su futuro. Quiero que sepas que estoy contigo en todas tus decisiones, dándote siempre todo mi apoyo, mi comprensión y mi respeto, así como también todo mi amor.

Después de escuchar con atención las palabras de su esposa, y valorar lo mucho que lo ha elogiado colocándolo en un pedestal muy alto, más alto de lo que él jamás pudiera haber imaginado, se siente muy orgulloso y dueño de sí mismo. Piensa por un momento, y después de cavilar por un instante Andrés le dice a su esposa:

Mi amor, me da mucho gusto saber que cuento con tu apoyo incondicional; eso me da confianza, y esa confianza que depositas en mí me hace sentir obligado a exponerte mis ideas, para así, juntos, intercambiando puntos de vista, juntando tus experiencias con las mías, podamos explorar y analizar ambas, tratando de encontrar lo mejor, lo más firme y el terreno más seguro donde nuestros hijos puedan sentar bases sólidas que den forma a su personalidad, y, sobre todo, que les indiquen el camino que deben de seguir; que sea el más provechoso para la mejor formación de su carácter.

Tengo mucha fe y confianza en que, por medio de nuestras observaciones y consejos, sabrán salir adelante en la vida. Debemos estar siempre confiados en que todo saldrá bien, y de que con el correr de los años ellos sabrán encontrar la felicidad, que es lo que todo ser humano busca en la vida.

DESAFIANDO AL FUTURO

Yo siempre he cuestionado que el hombre, en su papel de PADRE, sea considerado el guía de la familia y está bien; pero, yo creo que es la madre la que, sin lugar a dudas, juega el papel más importante en el desarrollo de los hijos y en el buen funcionamiento de la familia.

Es la madre la que plasma en sus pequeños los primeros conceptos de la vida; es ella la que, sin preguntar a nadie, usando sólo su propio criterio, imprime en los recién nacidos las primeras enseñanzas.

Es la madre la que con amor y ternura protege a los hijos en esos tan difíciles primeros días de su existencia. Un pequeño recién nacido es tal vez el ser más indefenso y vulnerable de la creación; pero tiene a su madre que vela por él, lo cuida y lo protege de todos los peligros. Sin su madre le sería casi imposible sobrevivir.

Ahora, con éste y otros pensamientos en mi mente, he llegado a la conclusión de que tú has sido la pieza clave en el desarrollo de nuestra familia; sin ti, esta familia no sería nada. Tú eres la que me ha dado el valor necesario para luchar en contra de todas las adversidades de la vida; me has hecho comprender lo valioso que es para nuestra familia, y para cualquier familia, tener un ser de tu magnitud.

"LA VIDA ES LA EXPERIENCIA DE VIVIR". Es una de las frases célebres que aprendí de mi padre, hombre sabio que, aunque murió siendo joven, dejó grabados en mi mente gratos recuerdos, así como también algunos no muy agradables; pero, en fin, la vida es así.

El me decía: "Hijo, durante el proceso de vivir acumulamos mucha información, la cual se transforma en conocimiento. Si a estos conocimientos agregamos nuestras experiencias, juntas harán de nuestros últimos años personas llenas de sabiduría. Lo primero que tenemos que lograr es conocernos a nosotros mismos; éste es un proceso que dura toda la vida; por tal motivo lo mejor es emprender este viaje lo más pronto posible".

Mi amor, ahora que hemos entrado en esta conversación íntima, honesta y franca, quiero hacer de tu conocimiento algo que tengo grabado en mi mente desde cuando yo era muy joven. Espero que me escuches con atención, que trates de comprenderme y puedas darme tu opinión sincera al respecto.

Yo siempre he pensado que tener hijos es una responsabilidad muy grande. Tener hijos sólo por tenerlos, o bien por el placer que nos producen las relaciones sexuales, es absurdo, inhumano y muy poco inteligente. Los seres humanos, se supone, somos los seres más inteligentes de la creación; pero cuando no sabemos, o más bien dicho, cuando no usamos nuestra inteligencia para controlar nuestros instintos animales, sin lugar a duda nos convertimos en los más viles de todos los animales.

Ciertamente somos animales, ya que ésta es la especie natural a la que pertenecemos; pero recordemos que somos seres racionales y debemos actuar como tales. Los seres humanos pertenecemos al reino animal; la única diferencia, lo único que nos distingue, lo que nos separa, la sola característica que nos ubica en una clase superior dentro del reino animal, es la inteligencia, el raciocinio. Cuando no usamos esa inteligencia de la cual hemos sido dotados, y actuamos como los animales, nos convertimos en eso, en animales irracionales y damos mucho en qué pensar.

En ciertas ocasiones, cuando dejamos que el instinto animal se apodere de nosotros, y sin vacilar nos dejamos ir de lleno, nos desbocamos entregándonos por completo a los placeres, sobre todo a los que nos brindan el sexo, el alcohol y las drogas, entonces nos convertiremos en seres irresponsables, indignos de pertenecer al género humano, y sin lugar a duda, estaremos caminando en un campo donde abundan las arenas movedizas, y cuando menos lo pensemos, casi sin darnos cuenta, habremos caído en una de esas bien camufladeadas trampas, de las cuales, una vez atrapados, nos será sumamente difícil salir. Para mí, es muy importante tener siempre presentes estas reflexiones.

Debemos ser conscientes e inculcar en los hijos—en la adolescencia—el cómo saber controlar la sexualidad y no dejarse llevar sólo por el instinto;

además, deben saber que practicar el sexo libremente puede ocasionar terribles daños.

El sexo no es malo, pero sí puede causar muchos perjuicios, según las circunstancias en las que se origine. Es obvio que si el sexo es parte de nuestro ser, debemos de utilizarlo para que nuestro organismo funcione bien, para procrear y reproducirnos, y por qué no, para disfrutarlo en toda su magnitud y gozar de esos momento de felicidad que éste nos ofrece.

Cuando el sexo se practica por amor en forma honesta y sincera, es una de las cosas más hermosas de la vida, sobre todo, cuando está lleno de pasión y ternura.

Es de suma importancia enseñarles a los hijos a ser siempre conscientes de pensar por un momento antes de hacer lo que van a hacer para que no pierdan la cabeza y se entreguen de lleno a la satisfacción del instinto morboso de la concupiscencia.

Me preocupa mucho pensar en todos los obstáculos y las situaciones difíciles por los que nuestros hijos tendrán que pasar a lo largo de su existencia, principalmente me preocupa mucho lo relacionado con el sexo, ya que éste suele ser un tema tabú, que se toca muy poco en el seno familiar, cuando en realidad debería ser una cuestión que se tratara con más frecuencia y apertura, especialmente durante los años tan difíciles de la juventud.

Si nosotros, como sus padres, poseedores de las experiencias ya vividas, no tratamos de enseñarlos y guiarlos con nuestros consejos en todo lo concerniente a la sexología, ¿en qué forma enfrentarán y resolverán estos desafíos? Esto me inquieta, ya que sé muy bien que cuando los problemas salgan a la superficie, serán ellos, y solamente ellos los que tendrán que ingeniárselas para encontrar la mejor forma de darles solución.

—Yo creo, —dice Margarita—que deberíamos tratar este tema relacionado al sexo con más frecuencia en su presencia y porque no, discutirlo directamente con ellos, para que al involucrarlos en éste asunto tomen nota y sepan cómo conducirse cuando se presente la ocasión.

—Tienes toda la razón querida—a nosotros nos quedará la satisfacción de saber que hicimos todo lo humanamente posible por prepararlos e inculcar en ellos lo que creímos sería la mejor forma de conducirse en la vida.

Así que no debemos preocuparnos tratando de resolver todos los problemas de un futuro incierto, del cual no sabemos nada, y que tal vez nuestros hijos ni siquiera tendrán que pasar por ninguna de esas situaciones difíciles que tanto nos preocupan

—Sí, mi amor—, estoy de acuerdo en lo que dices, y también entiendo todas tus preocupaciones; comprendo que el mundo que estamos heredando a las nuevas generaciones se encuentra en un incontrolable estado de decadencia que nosotros no podemos frenar, y mucho menos cambiar; lo que sí podemos hacer, es contribuir con nuestro granito de arena creando en nuestra familia una atmósfera de paz y bienestar, donde no haya odio ni rencor, donde sea el Amor el que predomine en nuestro hogar.

Yo creo que todos los males que aquejan a la humanidad se deben principalmente al mal funcionamiento de la familia.

La familia—continúa Margarita—siendo la base de la sociedad, se encuentra en un estado deplorable y a punto de colapsar, lo que hace que tú, yo y todas las personas responsables tengamos tantas inquietudes y dudas relacionadas con la educación de los hijos. Yo creo que si la sociedad encuentra la forma de mantener a las familias unidas funcionando en un ambiente sano y armonioso, sin engaño, sin odio ni maldad, las cosas podrían cambiar en un futuro no muy lejano, ¿no lo crees?

—Sí, querida—. Tan lo creo, que eso es lo que causa en mí todas esas inquietudes de las que te hablo constantemente.

En lo que atañe a nuestros hijos—continúa Andrés—que es lo que a nosotros compete, hay un factor muy importante que no hemos tomado en cuenta; es que toda persona tiene que tener sus propias experiencias, principalmente en los primeros años de su existencia.

DESAFIANDO AL FUTURO

Según se ha observado, todas aquellas personas que han tenido una niñez y una juventud difíciles, gracias a que aprendieron las lecciones que la vida les dio en esa temprana edad; supieron aprovechar la sabiduría que éstas les proporcionaron, y con su propio esfuerzo supieron hacer de sus vidas algo útil para ellos y para la sociedad en general, logrando sobresalir y convertirse en grandes iconos de la humanidad, tales como Benito Juárez, Mahatma Gandhi, Abrahán Lincoln, por mencionar algunos.

El saber distinguir entre el BIEN y el MAL es lo que a mí me ha preocupado por mucho tiempo. Ahora que tenemos nuestra familia, me preocupa aún más. Yo quisiera encontrar la forma segura y precisa de guiar, de inducir a nuestros hijos a que vayan siempre por el buen camino, haciendo caso omiso de la maldad. Para lograr esto, yo creo que tendremos que concientizarlos para que conozcan muy bien estos dos conceptos y sepan elegir el sendero del bien, nunca el del mal.

Hay otro requisito que es sumamente necesario, que yo creo es indispensable para que salgan adelante, es que debemos promover e inducirlos a pensar por sí solos, para que desde muy temprano en la vida, tengan muy bien cimentado en su mente que es lo que quieren lograr y se concentren en realizarlo; también, tendrán que luchar y sobreponerse a todos aquellos obstáculos que quieran o no aparecerán en su camino.

De ésta forma les será más fácil hacer posibles sus deseos; y no tendrán que hacer comparaciones entre ellos y otras personas ya que, cuándo comparamos, estamos sujetos a ceder nuestro derecho de pensamiento propio a que sea regido por lo que hacen y piensan los demás

Mira, mi amor—contesta Margarita—. Sé que tus preocupaciones son legítimas, son sinceras y están basadas en la gran necesidad que sientes de dar una cimentación firme y sólida a la formación de nuestros hijos.

Los buenos deseos que tienes no sólo en lo concerniente al sexo, al bien y al mal, sino en todo lo que esté relacionado con la educación y formación de nuestros hijos, es de suma importancia, no sólo para ti, sino también para mí; porque como tú ya mencionabas, cuando alcancen la mayoría de edad y tengan que salir del seno de la familia a enfrentarse al mundo, tendrán que ser ellos los que tengan que dar solución a sus propios problemas, ya que en la gran mayoría de las situaciones problemáticas nosotros no estaremos ahí para ayudarlos con nuestros consejos.

Quiero además darte mi opinión, decirte lo que yo pienso con respecto a lo que mencionabas acerca del sexo. En mi poca experiencia, y en lo poco que yo he vivido, me he dado cuenta de que algunos de los hombres que abusan sexualmente de las mujeres son seres humanos que, por falta de conocimiento, actúan como animales.

También debo decir que, aunque son pocos los que pertenecen a este grupo, hay muchos que dan rienda suelta a sus pasiones y sólo tratan de encontrar satisfacción a sus deseos sexuales, sin fijarse en el daño que éstos puedan ocasionar. Al mismo tiempo, tenemos que reconocer que hay personas que en su infancia fueron víctimas de abuso y mal trato, y por ello crecieron con ideas equivocadas, ocasionando que en su mente se originaran pensamientos incorrectos, falsos y retorcidos, llenos de rencor, odio y resentimiento.

Las personas que fueron abusadas en su infancia, más que nada, me causan tristeza; lo más probable es que todas las ideas que traen consigo hayan llegado a ellos a través de varias generaciones, siendo el vínculo más cercano el de sus padres. Los padres de estas víctimas—es lo que son estas persona victimas del destino—, son los progenitores los que pudiendo haber hecho las rectificaciones necesarias, no lo hicieron.

Podríamos decir que fueron sus propios padres los causantes de esta adversidad, la cual seguirá trasmitiéndose de padres a hijos, y pasará de generación en generación, haciendo de esto una cadena interminable hasta que, un buen día, uno de sus miembros recapacite y haga los cambios pertinentes que pongan punto final a esta cadena de malas costumbres.

Ahora bien, hay que reconocer que nuestros pensamientos fueron acondicionados durante la infancia por medio de sucesos que fueron editados e impresos durante esta etapa.

Los niños aprenden todo lo que se les enseña; por eso cuando una persona llega a la edad adulta, reconoce, en primer lugar, toda la información que le fue inculcada en sus primeros años de vida, y en segundo lugar, todos aquellos aprendizajes que adquirieron mediante sus propias experiencias. Por eso es que cuando decimos que conocemos algo, en realidad todo lo que conocemos es lo que nuestro intelecto nos dice que conocemos. Por lo cual tenemos que ser muy cuidadosos en lo que enseñamos a nuestros hijos.

Es muy necesario que seamos muy cautelosos, y estudiemos detenidamente las tradiciones antes de trasmitirlas a nuestros hijos; ya que las tradiciones y las costumbres, siendo cono son: un conjunto de actitudes y tendencias que nos han llegado de nuestros antepasados a través de muchas generaciones, lo más probable es que hayan arribado hasta nosotros con algunos defectos, los cuales debemos corregir, antes de pasarlos a nuestros descendientes

Bueno, mi amor, sólo quise hacer hincapié en el hecho de que tus pensamientos están muy bien fundados, y que nosotros como padres de familia tenemos que ser responsables, conscientes, pacientes, y sobre todo, sumamente cuidadosos en la forma en que corregimos a nuestros hijos; nunca corregirlos con gritos, como aquello de decirles: ¡no hagas eso, idiota! o ¡ere un estúpido, un animal!

Cuando decimos esto, y lo decimos gritando, todo lo que hacemos es empeorar la situación, ya que todas esas frases degradatorias y negativas son de por sí de muy mal gusto; además, causarán complejos irreversibles que serán casi imposibles de entender en la vida de adultos; a más de ser experiencias muy difíciles de superar, las consecuencias que traerán a las personas que fueron educadas en esa forma, a gritos, serán graves.

Tenemos que ser conscientes de todo lo que decimos y hacemos; hay que tener cuidado de no corregir a los niños con palabras y acciones que pudieran, en una forma u otra, causar algún trauma o daño permanente en ellos. La forma más correcta y segura de corregir y educar a los hijos sería con mano firme, pero usando guante de seda, o sea, que debemos ser cautelosos para no causarles daño, pero sí, ser siempre firmes en nuestras decisiones.

Es muy importante tener siempre presente que, cuando uno de los cónyuges esté corrigiendo al niño, el otro no intervenga, y mucho menos en contra del que está tratando de corregir, ya que esto causará en el corregido un sentido de inseguridad, que traerá por consecuencia duda al no saber a cuál de las indicaciones de los dos interlocutores seguir; por lo general, el corregido tomará el camino equivocado, lo que ocasionará muchas inconveniencias no sólo para él, sino para todos los miembros de la familia.

—Querida, —dice Andrés a su esposa—; hay algo que no me queda muy claro. ¿Cómo debemos educar a los hijos, o dicho de otra manera, qué actitud debemos tomar para evitar el causarles traumas o daños permanentes?

—Esto es muy sencillo, —mi amor—. Todo lo que tenemos que hacer es tratarlos con amor y paciencia. Recordemos que con los niños hay que tener mucha paciencia; ellos sólo saben lo que los padres y los adultos les han enseñado, por lo cual, debemos considerar que todos sus errores los cometen por no saber, o algunas veces por haber mal entendido las enseñanzas que se les han inculcado.

Es muy necesario que cuando cometen un error, seamos pacientes y tomar el tiempo necesario para explicarles paso a paso el por qué de la falta, para que ellos lo entiendan, lo comprendan y aprendan que aquello que hicieron está mal y no vuelvan hacerlo.

DESAFIANDO AL FUTURO

Otra de las cosas que es muy importante en lo relacionado a la educación de los hijos, es de no hacerles promesas como retribución por algo que queremos que hagan o no. Por ejemplo: Te daré un dulce si me ayudas a recoger tu habitación; te daré un premio si sacas buenas calificaciones en la escuela; te voy a premiar si te portas bien; te voy a querer mucho si haces lo que te digo.

Yo creo que ante todo debemos enseñarlos a ser responsables de sus propias acciones; así no habría necesidad de ofrecerles recompensa alguna por lo que hicieren o no hicieren. ¿Tú qué crees?

—Todo lo que piensas está muy bien—. Sólo me queda reiterar lo que ya hemos dicho con anterioridad: estar siempre conscientes de los métodos que empleamos para educarlos en esos sus primeros años de vida, ya que sería demasiado fácil equivocarnos y cometer un error dándoles la dirección equivocada, inculcándoles ideas irracionales que muy bien podrían mal interpretar y percibir como racionales; o bien que ellos mal entendieran o mal interpretaran lo que estamos tratando de enseñarles, lo cual originaría un desequilibrio en los niños.

Al concluir con sus observaciones, después de haber escuchado el comentario que Andrés hiciera, Margarita, como siempre, halaga el modo de pensar de su esposo haciendo de su conocimiento lo mucho que ella aprecia sus ideas y modo de pensar.

—Margarita, como tú sabes muy bien, Amado es un niño muy inteligente; sé muy bien que todo lo que le estoy diciendo, todo lo que le estoy inculcando, no son tan sólo palabras; son experiencias, son pensamientos que, si bien tienen cierta profundidad para su edad, él sabrá comprender lo que pueda entender, y almacenar todo aquello que tenga interrogante, o bien, todo lo que no pueda comprender.

Estoy seguro que Amado sabrá conservar y guardar todos nuestros consejos, enseñanzas y observaciones; él es esa clase de ser humano de los que hay muy pocos en este mundo. Cuando se encuentra con algo que no entiende, siempre lo guarda hasta que encuentra la solución, o más bien, el significado de todo aquello que le causa inquietud, que no entiende. Todo el tiempo trata de comprender y estudiar el porqué de las cosas, sobre todo aquello que no comprende.

Todo lo llevará ahí almacenado, hasta el día en que pueda comprender su significado. ¿Te acuerdas de aquella frase que tanto lo inquietó y llevó guardada por varios años, que tanto a ti como a mí nos preguntara con cierta frecuencia, insistiendo en que le explicáramos el significado de ella? ¿Recuerdas?

La frase decía: "El trabajo de la vida no es vivir, sino saber vivir". Margarita, mediante un gran esfuerzo, trata de salir del estado soñoliento en el que se encuentra y dar contestación a la pregunta que su esposo le hiciera.

Hace memoria por unos instantes, y exclama: ¡Sí, sí! ¡Claro que me acuerdo! ¡Cómo se me iba a olvidar! Fue . . . . , fue una tarde del mes de . . . . bueno, para decir verdad no recuerdo de la fecha; lo que sí sé es que ha pasado mucho tiempo desde aquel día en que se acercó a mí pidiéndome que le explicara el significado de esa frase. Yo contesté en la forma que creí más conveniente.

Pasado algún tiempo se dirigió a ti con la misma pregunta, mas no sé si lo hizo sólo esa vez, o fueron varias ocasiones. Ahora sé por qué tienes tanta confianza en nuestro hijo; es que en realidad, además de ser muy inteligente, tiene muy buena memoria y siempre recuerda con mucha facilidad los eventos o sucesos ocurridos en el pasado.

Ahora que veo me has comprendido. Te darás cuenta del motivo de mi actitud hacia Amado: es que este muchachito es sumamente receptivo, además de comprensivo e inteligente. Siempre que escucha una frase o una palabra que no entiende, le inquieta oír algo y no entenderlo; por eso siempre va en busca de alguien a quien preguntar para salir de sus dudas; esto, naturalmente, es muy beneficioso para él.

DESAFIANDO AL FUTURO

He tratado de enseñarle cómo conducirse en ese sendero tan difícil que es el de la vida; al mismo tiempo quiero hacerle comprender que el único camino que dé rumbo a su existencia es el de la verdad, y si él sigue nuestros consejos, éstos lo llevarán a una supervivencia llena de felicidad duradera. El único camino correcto y seguro es el de la verdad; este camino siempre conduce a una vida llena de paz y tranquilidad; una vida basada en la verdad, es una vida verdadera, una vida plena que siempre lo llenará de satisfacción y bienestar.

Si supieras las horas de angustia que paso durante esas noches de insomnio, en las que no puedo retirar de mi mente esos pensamientos de duda, en los que, por más que me esfuerzo, no puedo ver con claridad el camino a seguir.

En un tema tan delicado como es la educación de los hijos hay mucha incertidumbre; por ese motivo, cuando me llegan rayos de luz que traen consigo nuevas idea que, aunque no muy claras, encajan con mi modo de pensar y me parecen buenas, y creo que son algo que debo enseñarles, aparece de nuevo la gran interrogante. ¿Será esto bueno o malo para ellos? Todo esto es muy complicado.

Todo lo que estoy tratando de hacer es darles alas y raíces; alas para que vuelen muy alto, tan alto como sus ilusiones y deseos los lleven; para que logren llegar a ese horizonte sin límites de la imaginación, y, raíces para que vuelvan al mundo de la realidad enseñando los trofeos de sus victorias.

Una vez hecha la decisión de que lo que se va a infundir en los hijos es lo deseado, preguntarse: ¿será esto lo correcto?, ¿no estaré equivocado? Estas preguntas son necesarias y muy importantes; por medio de ellas, seremos capaces de concientizar más nuestras ideas y encontrar la mejor forma de encauzar a nuestros hijos por el buen camino, el camino que dé rumbo a sus vidas para que puedan edificar su futuro sobre bases firmes y se sientan seguros.

Aquí cabe mencionar también que en la vida de todo ser humano debe haber ratos amargos y ratos llenos de alegría, felicidad y dulzura. Es necesario comprender que si no conociéramos el sabor AMARGO que dejan las decepciones y desengaños ¿cómo sabríamos lo que es DULZURA? . . . Al conocer la amargura que dejan los malos momentos conoceremos el dulce sabor y los gratos recuerdos que dejan los ratos felices. Ahora bien, me pregunto yo: ¿cómo vamos a hacer para que nuestros hijos comprendan estas verdades?

—Yo creo—, que lo más indicado sería establecer muy bien en sus mentes el valor de los principios. Lo que nosotros creamos que sea lo más cercano a la verdad es lo que debemos infundirles, dejando que sea el tiempo y sus propias experiencias las que les muestren lo que el destino les tenga deparado. Hay que considerar que la decisión final es de ellos.

—Sí, eso que dices está muy bien—. Pero hay que recordar que la vida de los hijos, aunque sean nuestros hijos y seamos nosotros los que se la dimos, no es nuestra; no somos en ninguna forma sus dueños. Recordemos: somos sus padres; pero sus vidas pertenecen única y exclusivamente a ellos, y que son ellos los que la van a vivir.

Nosotros, como padres, lo único que tenemos que hacer, que es nuestro deber, es guiarlos, dirigirlos y comprenderlos; la influencia que nosotros ejerzamos será, sin lugar a duda, lo mejor de todas nuestras experiencias y de la sabiduría que hemos acumulado en nuestros años de vida; también estaremos tratando de dar la mejor formación posible dentro de nuestras capacidades, siempre considerando que lo que nosotros pensemos y creamos que es lo mejor, pudiera no serlo.

Llevamos impreso en nuestra memoria todo aquello a lo que en el pasado fuimos expuestos: lecciones buenas y lecciones malas, acciones buenas y acciones malas, todo queda ahí grabado. Algunas de estas lecciones y experiencias son producto de los aprendizajes que obtuvimos de la vida misma mediante nuestros propios tropiezos; sin embargo, la gran mayoría de ellas las adquirimos de nuestros antepasados, principalmente de nuestros progenitores; por tal motivo, pensamos que todo lo que llevamos impreso es lo correcto, sin pensar siquiera si es bueno o malo.

Esto causa que nuestra percepción de la realidad algunas veces sea equivocada, por lo que debemos ser muy cuidadosos al tratar de pasar los conocimientos y costumbres a nuestros descendientes, sin olvidarnos de tomar en cuenta eso que es muy importante: pensar muy bien y a fondo todo aquello que fuéremos a enseñar.

Esto es de suma importancia, ya que lo que queremos es hacer el bien y mejorar la forma de vivir no sólo de nuestros hijos, sino de la sociedad en general. Es bueno recordar que el conocimiento es el proceso o facultad mental de conocer; es la esencia del sistema de interpretar y es el que nos hace consientes de los sucesos ocurridos en la vida diaria; además, es el responsable de aumentar o recortar los recursos intelectuales con los que contamos.

Andrés, al notar que su esposa se encuentra profundamente dormida y que él se encuentra hablando solo, se reacomoda un poco y trata de hacer lo mismo que Margarita.

A la mañana siguiente, la vida de la familia Cortazon sigue su curso normal, de la misma forma en que ha transcurrido desde aquel día feliz en el que unieron sus destinos con el matrimonio. Ese día inolvidable, que fue para los dos la culminación de todos aquellos sueños e ilusiones que forjaran durante su noviazgo.

En las pláticas íntimas que con frecuencia sostenían, el tema principal era siempre el de cómo y en qué bases edificarían su familia. Cada uno exponía sus propias ideas con el fin de que el otro las analizara y diera su opinión al respecto. Generalmente coincidían; cuando no era así, lo discutían en una forma honesta y tranquila hasta llegar a un punto en que los dos coincidieran.

Una vez alcanzado el acuerdo, sabían que entre ambos habían encontrado la mejor opción del tema en cuestión. Así fue como lograron tener una idea firme de lo que querían lograr una vez que unieran sus vidas.

Al terminar sus obligaciones de la mañana, todo aquello que implica: despertar a los niños, hacerlos salir de su cama, estar al pendiente que hagan la rutina que acostumbran hacer todos los días, como vestirse, cepillar sus dientes, peinarse y arreglarse, para después tomar sus alimentos y estar listos para ir a la escuela; en lo que los niños hacen todo aquello que tienen que hacer antes de salir de casa, Andrés sale apurado rumbo a la cochera para poner el auto en marcha y estar listo para llevar los niños a sus respectivas escuelas.

A él no le gusta llegar tarde, por lo que trata de estar a tiempo para poner a los niños en sus respectivos centros educativos. Por tal motivo, todas las mañanas tiene que moverse rápido y salir lo más pronto posible de casa, además, tiene que tomar en cuenta el tiempo que va a perder debido a la demora ocasionada por el tráfico

Al terminar esta tarea, lo habitual cinco días de la semana, se siente más relajado y ya sin la tensión que le ocasiona esta actividad, se dirige de regreso a casa, donde lo espera su esposa con un muy atractivo y nutritivo desayuno.

Después de poner el auto en la cochera, ya en el camino al comedor, dice a su esposa: —Mi amor, ya llegué . . .

—Qué bueno querido—. Y dime, ¿cómo te fue con el tráfico? ¿No tuviste ninguna dificultad para poner a los niños a tiempo?

—Claro que no, por eso es que he llegado pronto de regreso—.

—Yo tengo el desayuno listo, sólo esperaba que llegaras para ya con calma sentarnos a disfrutarlo y a charlar un poco.

Estoy muy apenada por lo que pasó anoche, al haberte dejado hablando solo. Quiero me disculpes; no tenía la menor intención de hacerte eso, pero me fue imposible contener el sueño, y ya viste: aún en contra de mi voluntad, me quedé dormida.

Quiero que sepas una cosa, querido. He estado pensando mucho en lo que concierne a la educación de nuestros hijos, que es el tema que más nos interesa a ambos. ¿Crees que nos estemos preocupando demasiado?

—No, mi amor, —replica Andrés—en un tono de voz que, aunque dulce, suena un tanto alterado. Por mucho que nos preocupemos, nunca llegaremos al exceso, ya que en esta época en la que vivimos, el planeta, junto con sus habitantes, está pasando por una situación sumamente difícil.

Todo lo que tenemos que hacer es escuchar la radio, ver la televisión y leer los periódicos para concebir lo difícil que se encuentra la situación mundial. Por tal motivo, yo creo que no estamos cometiendo la imprudencia de apurarnos por el solo hecho de ver todo lo que está ocurrido a nuestro alrededor; sino que, lo hacemos con el fin de comprender lo que está mal y hacer planes para inducir a nuestros hijos a que no vayan a caer en ese círculo vicioso en el que ha caído la humanidad.

Podemos darnos cuenta a través de todos los medios informativos, de lo generalizada que se encuentra la maldad en todos los países del mundo; en la gran mayoría de ellos abunda el descontento de sus habitantes debido a que se sienten defraudados por la gran mayoría de sus gobernantes, los cuales sólo se concentran en ver por los interese propios y a enriquecerse ilícitamente sin importarles el bienestar del pueblo.

Querido, todo esto que dices es la pura verdad; porque lo que saben hacer, y lo hacen muy bien, es engañar a sus pueblos diciéndoles todo aquello que desean oír, haciéndoles falsas promesas, las cuales no piensan cumplir; solo lo hacen con el fin de obtener su aprobación y manifestarlo en las urnas para así, lograr el puesto de elección popular que desean en el gobierno.

—Esto es muy común, mi amor—. Especialmente en los países subdesarrollados, o todos aquellos que llamamos del tercer mundo, donde la corrupción y la injusticia son las noticias de cada día; si a esto agregamos el narcotráfico y los crímenes ocasionados por éste, tendremos el panorama completo de lo que están viviendo éstos pueblos qué al parecer, se encuentran abandonados por el mundo civilizado. Esto ocurre también en los países llamados emergentes; los qué, teniendo economías fuertes, la corrupción se origina con más frecuencia.

Tenemos el conocimiento y somos consientes que lo que trae consigo muchos males, y pudiera ser el número uno es la "corrupción"; la corrupción es lo que, a mi modo de ver, es el ilícito que beneficia y enriquece mucho a unos pocos y causa empobrecimiento y miseria a la gran mayoría; éste es el que ocasiona y origina, si no todos, la gran mayoría de los crímenes. Si lográramos combatir eficazmente la corrupción, estaríamos dando un paso gigantesco; ya que, con esto, aún los crímenes relacionados con el tráfico de drogas disminuirían.

¿Tú qué crees? Pregunta Margarita a su esposo. ¿Las cosas serán peores, mejorarán ó, seguirán igual?

Esta situación que estamos viviendo no creo que mejore en un futuro cercano; antes al contrario, yo creo que todo va a empeorar, aunque al parecer, hay una cierta tendencia a la concientización universal, lo cual haría que el inconsciente colectivo, siendo más consciente de sus actos, de sus pensamientos y sus sentimientos, se diera cuenta de la realidad en que vivimos y cambiara su forma de vivir dirigiendo sus pasos hacia el camino correcto; esto haría que la situación cambiara, y pudiera ser que en el futuro nos encontráramos viviendo en un mundo distinto. Un mundo en el que no haya tanta violencia, tanta maldad ni tanta injusticia. Un mundo donde sólo haya paz y amor.

Las leyes o reglamentos son muy necesarios en una sociedad civilizada, aunque a veces no vallan de acuerdo con las tradiciones. Esto es lo que ocasiona que en nuestra vida adulta nos sea difícil aceptar y adaptarnos a ciertos reglamentos.

Al mismo tiempo, las costumbres influyen en la forma de conducirse de la sociedad en general, ya que tenemos que normar nuestras vidas de acuerdo a las reglas y costumbres del grupo social en que vivimos. Estas a menudo cambian con el tiempo, lo que origina una modificación en la forma de ver las cosas, y sobre todo en el modo de pensar de las personas.

La gran mayoría de la gente no toma en consideración, y mucho menos darse el tiempo necesario para reflexionar, si lo que están haciendo es lo correcto, o son sólo las costumbres de la época las que están siguiendo al formar su criterio.

Yo creo que si hacemos una pausa para reflexionar, y, si tratamos de comprender que los hechos, eventos, sucesos y experiencias que, habiendo ocurrido en el pasado, son sólo tradiciones que muy fácilmente podrían estar mal fundadas, podríamos hacer los cambios que a nuestro juicio fueran apropiados.

Si actuáramos de esta forma estaríamos más cerca de la verdad, y al mismo tiempo podríamos tener mejores bases para formar nuestro criterio y guiar con más certeza nuestras vidas, las de nuestros hijos y la de la sociedad en que vivimos.

Como podrás ver por lo antes mencionado, yo, al igual que tú, siento la misma inseguridad. Al parecer todo en esta vida es muy complicado e inseguro. Por eso esto es un gran dilema para mí al igual que lo es para ti. Y no me canso de preguntarme: ¿Serán todas estas enseñanzas que les estamos trasmitiendo, lo mejor para ellos? ¿O debemos dejar que ellos, según vayan creciendo, encuentren la respuesta a sus propios problemas? Tal vez lo mejor es que nos despreocupemos y esperemos a que sea el tiempo el que nos dé el resultado y nos revele si hicimos bien o mal.

Bueno mi amor. Es natural que tengamos nuestras dudas, pero recuerda, no hay ni podemos esperar certidumbre en el futuro. Lo que sí podemos es hacer planes de lo que creamos será lo mejor para ellos y, confiar en que todo salga bien. Tenemos que experimentar con la esperanza de que todo salga de acuerdo a lo planeado; pero, nunca podremos estar seguros de que las cosas salgan tal como se planearon. Además, la avenida que conduce al lugar dónde sólo hay seguridad no existe

—Todo esto me hace pensar que por algún suceso no planeado, se condujeran por el camino equivocado—. Muchas veces mal interpretamos o mal entendemos algunas de las situaciones, los eventos, los pensamientos y los sentimientos por los cuales nos guiamos al tomar tal o cual decisión. Y esto, algunas veces ocasiona cambios radicales, que podrían cambiar el curso de nuestras vidas. Por eso debemos ser sumamente cuidadosos—dice Andrés—, y no caer en la trampa de pasar a nuestros retoños algunos conceptos de los cuáles tengamos dudas. Ése, puede ser el causante de que el rumbo que tomen sus vidas no sea lo mejor.

Estos y otros motivos hacen que mis pensamientos algunas veces se encuentren perdidos en un callejón sin salida, divagando por el espacio, tratando de echar mano de todo esos conocimientos que se encuentran en el océano de la sabiduría; en ese océano en el que se encuentran todas las respuestas a todas las preguntas, así como también, todos los saberes del mundo. Esto es la inteligencia universal.

El océano de las posibilidades de donde han echado mano todos los sabios, científicos y escritores; todos aquellos seres humanos que han sentido la necesidad de encontrar algo nuevo, algo que beneficie a la humanidad en cualquiera de sus múltiples aspectos.

—Ese océano de posibilidades del que hablas, ¿se encuentra ahí disponible para todos los seres humanos?,—pregunta Margarita a su esposo.

—Naturalmente que sí, mi amor; si no fuera así, la vida seria injusta—. ¡Ah!, pero eso sí, cuando tenemos un deseo, hay que hacer el intento para lograrlo. Debemos tratar de obtener toda esta sabiduría utilizando la inteligencia de la cual hemos sido dotados.

Todo aquel ser humano que sea suficientemente audaz y tenga el arrojo de lanzarse a lo desconocido en busca de lo que desea, lo más seguro es

DESAFIANDO AL FUTURO

que lo encontrará; todo lo que tiene que hacer es intentarlo. Si no hay intención de lograr algún objetivo, no habrá nada que realizar; en cambio, cuando hay algo que deseamos y queremos, todo lo que tenemos que hacer es intentar para lograrlo.

Siempre que queramos realizar un propósito o alcanzar una meta, debemos estar dispuestos a pagar el precio, el cual algunas veces puede ser demasiado elevado. Cuando me refiero al precio, no quiere decir el valor que damos a las cosas en el sentido económico, o sea, en términos materiales.

Me estoy refiriendo al precio que tenemos que pagar en valores humanos, tales como son los sacrificios, desvelos, dolores de cabeza, etcétera; y hay que considerar que, según sea el deseo, así será el costo: si éste es un deseo pequeño, el precio que se tendrá que pagar será insignificante, casi nulo; mas si el deseo es grande, enorme, gigantesco, o bien, descomunal, igualmente será el esfuerzo que hay que hacer como pago para obtener lo que pretendemos.

Entonces, tenemos que recordar que para ver que algo que anhelamos se haga realidad, hay que tener el DESEO primero, y después hacer el INTENTO de obtenerlo. No debemos olvidar aquello que dice: Todo aquello que creas que quieres o no, así será." Esto es, si tú crees que puedes hacer algo, ASÍ SERÁ. Si tú crees que no lo puedes hacer, ASÍ SERÁ.

¡Margarita!, ¿has puesto atención a lo que dije?

¡Naturalmente, querido! Claro que estoy poniendo atención. Si parece como si no estuviera escuchándote es porque estoy concentrada tratando de entender lo que estás diciendo. Tu conversación es muy interesante, no quería interrumpirte; recuerda, la educación de nuestros hijos es lo más importante tanto para ti como para mí; así que continúa, que yo estaré muy atenta y al tanto de lo que estás diciendo.

Creo que tenemos que fijarnos la meta de promover en nuestros hijos ciertos valores—continúa Andrés—, tales como: TOLERANCIA,

COMPASIÓN y HONESTIDAD. Así como también: EL RESPETO A SÍ MISMOS Y EL RESPETO A LOS DEMAS. ENTENDERSE A SÍ MISMOS Y TRATAR DE ENTENDER A LOS DEMAS.

Enseñarlos a ser FUERTES y a aceptar con valor y firmeza las realidades de la vida; que sepan tomar las cosas negativas con resignación, y las positivas con alegría y satisfacción. Es sumamente importante promover y desarrollar en ellos el SENTIDO COMÚN.

Observando este modo de conducirse tendrán mejores probabilidades de encontrar las respuestas adecuadas a todos sus problemas. Al mismo tiempo se darán cuenta de que todas las respuestas vendrán; si aprenden a manejar correctamente el sentido común, éstas vendrán con mejores y más positivos resultados.

El uso del sentido común les enseñará que las respuestas adecuadas se encuentran ahí, almacenadas en su mente al alcance de su mano; sólo tendrán que hacer un pequeño esfuerzo de concentración y pensar antes de decidir qué es lo más indicado, lo más correcto y lo que más se adapte a lo que les indique el sentido común. Es nuestro deber y obligación enseñarles esta verdad, mas ellos son los que tendrán que aprender cómo hacer uso de este sentido, bien sea por medio de lo que hayan aprendido de nosotros, o bien por sus propias experiencias y convicciones.

Escucha con atención lo que voy a expresar, aunque sea tan sólo una idea, un pensamiento que ha llegado súbitamente a mi mente, creo que hay muchas posibilidades de poder hacerlo realidad.

He pensado que, ahora que nuestros hijos son pequeños, es tiempo de plantar en sus mentes la semilla de la magia; así, cuando ellos crezcan se convertirán en magos, no con el fin de que sepan hacer trucos o actos de magia, sino que tengan la sabiduría suficiente para poder convertir: "EL ODIO Y EL RENCOR EN AMOR Y PAZ"; "EL SUFRIMIENTO, EN ACEPTACION Y ARMONIA"; "LA INCONCIENCIA, EN CONCIENCIA". Yo creo que esto les daría la libertad de espíritu que los llevaría a la conquista de las adversidades producidas por los pensamientos destructivos.

Habiendo escuchado atentamente a su esposo, y después de meditar cuidadosamente por unos instantes lo expuesto por él, Margarita le dice: —Mi amor, yo creo que esto sería maravilloso—. ¿Te imaginas? Si pudiéramos lograr que nuestros hijos crecieran con todos estos conceptos tan hermosos, esto sería algo que nos llenaría de orgullo y felicidad. Así que plantemos la semilla y veamos cómo nace, crece y se desarrolla, estando siempre al pendiente de cuidarla y alimentarla para que crezca sana y robusta, logrando de esta manera obtener los frutos deseados.

Este y todos esos pensamientos tuyos, los podemos hacer realidad; acuérdate de aquello que dice: "Todo aquello que piensas que quieres, lo conseguirás". Además, yo creo que habiendo tanta maldad en el mundo, lo menos que podemos hacer para tratar de mejorarlo sería conducir a nuestros hijos por el camino de la verdad.

Me preocupa mucho pensar que este mundo que estamos heredando a las actuales y futuras generaciones, en el cual se encuentran nuestros hijos, esté tan corrupto, tan lleno de odio y rencor, donde sólo reinan la injusticia, el temor y la maldad, siendo la primera, principalmente, la que se encuentra generalizada y esparcida por todo el mundo. Aunque tal vez sea la última la que causa más mal a la humanidad.

Me pregunto yo: ¿Qué es lo qué está causando este fenómeno? La gran mayoría de los seres humanos sólo ven por el interés propio, sin importar ni tomar en cuenta el bienestar de los demás. Esta pregunta es muy interesante, cuando del mundo en general se trata. Sabemos muy bien que cuando se trata de un solo país, sería lógico pensar que sus raíces, principios, costumbres y tradiciones estarían desempeñando un papel muy importante en su cultura.

Pero mi inquietud y preocupación es saber por qué este fenómeno afecta a toda la humanidad, creando una decadencia generalizada. Yo me atrevo a pensar que todo esto es consecuencia del egoísmo, que es el que nos guía hacia la maldad y la injusticia; por eso te doy toda la razón en lo que justo acabas de expresar.

—La solución al problema de decadencia no es nada fácil de resolver, —continúa Margarita—. ¿Serán acaso todos los factores antes mencionados y todas estas variantes las que desempeñen un papel tan importante, las que dan origen a este estado de declinación en el cual se encuentra la humanidad?

Tenemos que encontrar respuestas lógicas y precisas que nos indiquen el porqué de este fenómeno; sólo así tendríamos el conocimiento necesario que nos indique, o al menos nos dé la idea, de lo que hay que hacer; ya con este conocimiento, poner lo que esté de nuestra parte, y hacer todo lo que sea humanamente posible para dar solución a éste tan grave problema.

Esto es preocupante, muy preocupante. Desde luego a mí me inquieta todo lo que está sucediendo en el mundo, pero lo que más me preocupa es la relación deteriorada por la que atraviesa la humanidad. Dime: ¿tú qué piensas de todo esto? ¿Crees que yo estoy exagerando?

No, cariño, no estás exagerando—contesta Andrés—, en un tono suave pero convincente. Esta es la realidad que estamos viviendo. Yo creo sinceramente que en este nuestro mundo se está viviendo una situación que nos indica que vamos por el camino equivocado. Sólo tenemos que ver y observar a nuestro alrededor para darnos cuenta de lo difícil, lo problemático y lo agobiante de esta época por la que el mundo entero está atravesando.

No hay un solo país que pudiéramos decir que se encuentra libre de problemas: el que no tiene conflictos con otros países, se encuentra enfrentándose a problemas internos, los cuales se convierten en una pesadilla para sus habitantes.

Aquí, el consciente colectivo es irrelevante ya que son los individuos los que, a mi punto de ver, son los causantes de algunos de los problemas que

DESAFIANDO AL FUTURO

más aquejan a la humanidad; siendo tal vez el número uno, la corrupción porque, si no hubiera corrupción, aún el narco tráfico disminuiría y los demás agraviantes que la acompañan como son: el crimen la delincuencia y, sobre todo la drogadicción.

El planeta en sí se encuentra en una situación muy difícil debido a la contaminación; todos los humanos debemos hacer conciencia sobre lo que está pasando y tratar de hacer lo que esté de nuestra parte para evitar que la situación empeore, ya que esto nos podría traer graves consecuencias.

Me perturba el sólo pensar que la mayoría de los líderes de la actualidad, estén rebasando a los líderes de la antigüedad, los cuáles, con el único fin de enriquecerse y obtener el poder que tanto deseaban; ocasionaban enfrentamientos y trifulcas donde cundía el pánico, el horror y la desesperación.

No les importaba que, además de muerte y desolación, trajeran consigo hambruna, enfermedad, epidemias y tantas otras cosas; sería muy difícil comprender todo el mal que estos personajes causaban a sus pueblos.

Todo lo que he mencionado se refiere únicamente a la forma en que se desarrollaron las culturas antiguas, y no tiene nada que ver con la naturaleza en sí. Debe haber sido hermoso vivir en ese mundo ancestral en el que todo era limpio y natural, libre de contaminación, que es lo que más nos está afectando en nuestros tiempos.

Espero que esta última observación nos dé tranquilidad y paz mental para poder seguir adelante con nuestras vidas, acariciando siempre la idea de que en el futuro las cosas serán mejores y que nuestro mundo será un mundo superior, lleno de paz y amor.

Pasó algún tiempo sin haber cambios en la forma de vivir de esta familia ideal, con excepción de aquellas ocasiones en las que se presentaban algunos desacuerdos, lo cual es muy natural en una familia consciente, que está tratando de dar la mejor formación posible a sus hijos.

Hay ciertas fricciones y desavenencias entre los cónyuges; esto tal vez causado por la diferencia de opiniones entre ellos. Estas diferencias se ocasionaban principalmente por la forma de corregir a los hijos, bien fuera porque algunas veces los pequeños no prestaban atención al mandato de los adultos, y otras veces por hacer caso omiso a los consejos de éstos.

Esto ocasionaba que los padres, al corregir a los pequeños, no estuvieran de acuerdo en la táctica empleada para reprenderlos, dando origen a que el observador, al darse cuenta de la forma incorrecta empleada por el que corregía, no estuviera de acuerdo causando un cierto descontento que tenían que allanar por medio del diálogo.

Estos diálogos, que con frecuencia sostenían, los hacían en privado, con el fin que los chicos no se dieran cuenta, y fueran a tener una mala impresión que podría crear un mal entendido.

La vida en casa de la familia Cortazon sigue su marcha. Los días, semanas y meses se pasan a una velocidad vertiginosa; los conyugues tienen muy poco tiempo para ellos. La mayor parte del tiempo lo tienen que dedicar a la familia y al buen funcionamiento del hogar.

Siendo esta pareja consciente de su situación, tratan de aprovechar al máximo el poco tiempo que les queda libre para quererse y decirse lo mucho que se aman, demostrándose mutuamente ese cariño intenso que sienten el uno por el otro, principalmente a la hora de ir a su recámara, que es cuando el trajín del día ha terminado, y los niños se encuentran ya dormidos. A esta hora es cuando, después de una ligera charla y cortejo, se entregan mutuamente el uno al otro, para disfrutar del sexo dando rienda suelta a sus pasiones.

Andrés y Margarita se encuentran en su recámara preparándose para dormir. A esta hora, libres ya del ajetreo cotidiano, y habiendo resuelto bien o mal los problemas del día, Margarita, dirigiéndose a su esposo, dice: Oye, mi amor, hace algunas noches sostuvimos una conversación sobre temas muy interesantes; esa conversación me pereció muy importante. Despertó tanto interés en mí, que me fue muy difícil conciliar el sueño, pasé gran parte de la noche meditando sobre la importancia tan grande que tienen todas esas cosas de las cuales estuvimos hablando.

Hemos tratado inútilmente de encontrar algo que nos dé certeza, o por lo menos, algo que nos indique que lo que estamos haciendo es lo mejor, que es el camino más apropiado y más correcto para la buena formación y educación de nuestros hijos.

Este fue el motivo principal de mi desvelo; el no encontrar ningún indicio que favoreciera mi inquietud, fue sin lugar a duda lo que hizo a mi mente divagar hasta el cansancio, tratando de dar solución a todas aquellas interrogantes que surgieron en mí, durante y después de nuestra plática.

Una de las tendencias que más me agobiaba era el pensar que, si bien nosotros estamos haciendo todo lo humanamente posible para que ellos logren salir adelante, o dicho con otras palabras, que nosotros estamos haciendo lo que creemos correcto y poniendo todo lo que esté de nuestra parte para que ellos tengan un futuro mejor.

¿Qué pasará si, habiendo hecho todo lo que estuvo a nuestro alcance para hacer de ellos personas sanas, útiles, trabajadoras, sobre todo responsables, por tal o cual circunstancia no lograran la meta que nosotros deseamos? ¿O bien, que hubiera habido una interpretación errónea de su parte, y que algunos de los conceptos con los que los educamos, los hubieran mal entendido y, por ende, se convirtieran en personas indeseables y nocivas para la sociedad? Esto, de llegar a suceder, sería una gran desilusión, ¿no lo crees?

—Yo creo—dice Andrés—que ellos tendrán que poner lo que esté de su parte, o sea, que nosotros estamos sentando las bases firmes donde puedan construir su futuro, pero serán ellos los que tendrán que ser receptivos, capaces de captar lo que estamos tratando de inculcarles, guardando muy bien en su memoria todos los aprendizajes que de nosotros hubiesen obtenido.

Esto quiere decir que, si ellos analizaron y guardaron todas estas enseñanzas, no tendrán por qué irse por el mal camino, y sí tendrán mucho de qué echar mano cuando los problemas aparezcan en sus vidas.

Yo sé que los problemas llegarán, y llegarán más pronto de lo que nos imaginamos; aquí, lo interesante sería ver si van a ser capaces de resolverlos adecuadamente y lo que es más importante aún, saber si van a ser lo suficientemente comprensivos para aprender las lecciones que reciban de los problemas que, bien o mal hayan sido resueltos; si actúan así, esto los hará salir adelante y convertirse en seres útiles y estimados por todos sus semejantes.

¿Verdad, querido, que puede y debe ser así? Porque tarde o temprano tendrán que ser ellos quienes deberán dar solución a todos estos problemas que, aunque no todos sean suyos, sí serán parte de sus vidas, ya que estarán viviendo dentro de esta sociedad, la sociedad humana; por esa misma razón tendrán que enfrentar y confrontar todos los maltratos, vejaciones y acontecimientos que a lo largo de sus vidas vayan encontrando, y, que tengan la sabiduría de manejar cada situación de acuerdo a como se presente

También tendrán que ir librando todos aquellos obstáculos que a su paso fueren hallando. Para decir verdad, mientras más rienda suelta daba a mis pensamientos, más me enredaba tratando de encontrar una salida fácil. Esto me fue imposible. Por más vueltas que le dí a todos esos pensamientos que aparecían en mi mente, más me inquietaba.

No encontré solución alguna que me diera confianza, que me hiciera sentir segura de haber hallado la respuesta correcta a todas mis inquisiciones. Ahora, con esa frase de que "Ellos tendrán que poner lo que esté de su parte", he sentido un gran alivio, ya que me has hecho comprender que sus vidas son sus vidas, y éstas les pertenecen sólo a ellos; por consecuencia, tendrán que ser ellos quienes tengan la última palabra.

Obviamente, llegará el día en el que tendrán que hacer un pausa en sus vidas para hacer el cambio, ese cambio inevitable que todos tenemos que hacer; ese día, tendrán que comprender que ha llegado el momento de tomar las riendas de su propio destino, para conducir sus vidas por donde ellos crean es el mejor camino para la realización de sus sueños.

Aquí es donde les serán muy útiles todas las enseñanzas que recibieron de nosotros, así como también todos los aprendizajes que obtuvieron de sus propias experiencias.

Sé muy bien que en todas tus pláticas propones, y las más de las veces ofreces, formas y consejos muy eficaces de cómo manejar algunas de las situaciones dadas; además, son muy sencillas y fáciles de realizar. Con todos estos consejos y enseñanzas les será muy fácil conducirse y dar solución a todas estas interrogantes y problemas que van apareciendo a lo largo de sus vidas.

Yo quisiera encontrar una fórmula fácil que nos diera confianza y, sobre todo seguridad, en que el futuro de nuestros hijos fuera el mejor, el que nosotros deseamos para ellos. Créelo, me encuentro sumamente confundida.

—Bueno, mi amor—. Naturalmente hay distintas señales y predicciones de las cuales podemos disponer; lo difícil aquí sería encontrar la más correcta, la más adecuada, la que nos dé más confianza y nos deje ver con más claridad este sendero tan difícil que tenemos que recorrer. Es de suponer que después de tantos desvelos y sacrificios, habiendo pensado y meditado tanto sobre este tema, lo más probable es que haya buenos resultados.

El problema que tenemos en nuestras manos es enseñarles cómo conducirse para que encuentren su propio camino y vivan su leyenda personal; esto los ayudará a encontrarse a sí mismos.

Como ya decía con anterioridad, una de las cosas importantes será enseñarles buenas costumbres; porque debemos tomar en cuenta que, todos los hábitos que aprendemos en el periodo que comprende desde el nacimiento hasta la pubertad son muy difíciles de superar; por tal motivo, es necesario inducirlos a que vallan por el buen camino; vivir una vida sana es la mejor manera de que puedan desarrollar cuerpo y mente sanos. Acuérdate de aquel viejo refrán que dice: "mente sana en cuerpo sano".

Tenemos que fijarnos metas, tales como la promoción de ciertos valores fundamentales, siendo algunos de ellos: LA AMABILIDAD, EL RESPETO, LA TOLERANCIA, LA COMPASIÓN, LA HONESTIDAD Y EL PERDÓN. Yo estoy seguro que si logramos infundirles estos principios, ellos lograrán hacer de sus vidas, unas vidas productivas que les llenen de orgullo.

—Hay algo que a mí me parece sumamente importante—. Nosotros, como padres, debemos enseñar a los hijos a ser soñadores, porque si bien los sueños son algo muy natural, esto es, los que ocurren durante la noche cuando estamos dormidos, también lo son aquellos que se tienen estando despiertos, los que ocasionamos cuando ponemos nuestra mente a trabajar, pensando en todas aquellas ilusiones que queremos realizar en el futuro.

Cuando esto ocurre es cuando decimos que estamos soñando, que somos unos soñadores, y es cuando nos adentramos en lo más profundo de la mente, que damos rienda suelta a nuestros pensamientos para que nos transporten a ese lugar maravilloso donde todo es dicha y felicidad: el fantasioso mundo de los sueños.

El mundo de los sueños es el que nos hace ver todo lo imposible como posible, lo irreal como real, y algunas veces nos hacen sentir experiencias tan reales, que tal parece que las estuviéramos viviendo en la vida actual; es en esos instantes que nos convertimos en ensoñadores.

Todos aquellos momentos en los que cavilamos sobre cómo hacer realidad algún deseo y buscamos mentalmente el cómo realizarlo, nos ponemos a pensar en la manera de concretar nuestras deseo; esto, podríamos decir, nos está convirtiendo en soñadores y son éstos los sueños a los que me refiero cuando digo que debemos enseñar a nuestros hijos a ser soñadores.

Alentarlos a soñar es como si les diéramos alas para que, con esas alas, puedan volar alto, muy alto, tan alto como sus sueños, sus deseos, sus ilusiones y sus pensamientos los lleven.

¿Cómo les daremos esas alas?

Es muy sencillo: todo lo que tenemos que hacer es darles ánimo, valor, y hacerlos comprender que todo lo que se propongan en la vida lo pueden lograr, siempre y cuando pongan todo su empeño y voluntad; además, sus deseos deben ser bien intencionados, o sea que no encierren maldad, que sólo deseen lo mejor para ellos y para los demás.

Cuando hay maldad oculta en un deseo y sólo tratamos de engañar a nuestros semejantes con el fin de causarles algún perjuicio, lo único que estaríamos haciendo es atraer aquello que estaríamos deseando para otro u otros hacia nosotros mismos. Así que tenemos que tener mucho cuidado y hacer de su conocimiento que una mala intención casi nunca se logra, y cuando se alcanza, lo que podrían obtener con éste deseo, muy bien pudiera ser algo que los perjudicara a ellos.

Esto de educar a los hijos no es tan complicado como parece; ya que, si ponemos atención al modo en que lo hacemos, y pensamos en lo que vamos a infundir para no cometer faltas que en el futuro pudiera perjudicarlos, las cosas podrían ser diferentes.

Uno de los graves errores que cometemos los padres al corregir a los hijos, es haciendo uso de frases derogatorias; que nunca deberíamos usar.

Si en lugar de usar estas palabras y expresiones que, además de ser nocivas y vulgares causan tanto mal, usáramos frases como: qué bien has hecho tu tarea; me gusta mucho todo lo que haces porque siempre pones mucho empeño y lo haces muy bien; estoy muy orgulloso de ti, eres un niño muy bueno y otras similares; si usáramos esta clase de lenguaje más a menudo y suprimiéramos completamente lo negativo y degradante, las cosas serían muy distintas en nuestros jóvenes, ya que llegarían a la adolescencia con un mayor grado de seguridad, y esto haría que todos esos niños que fueron tratados de este modo tuvieran una juventud más sencilla y sin muchas complicaciones.

Cuando traemos grabada en nuestra memoria una información positiva, ésta nos hace pensar que fácilmente podríamos erradicar todo aquello que es negativo; además, nos sentiríamos muy felices de poder realizar con seguridad todo aquello que nuestros padres muy acertadamente supieron inculcar en nosotros.

La seguridad, el sentirnos seguros en lo que hacemos, es sumamente necesario para enfrentar y resolver favorablemente todos las dificultades que suelen suscitarse en esta etapa, y sobre todo nos da la certeza de que podemos vencer todos los desafíos en una forma positiva.

Tenemos que recordar que todos nosotros—los seres humanos—hemos venido a este mundo con un propósito. ¿Cuál es ese propósito? Esta pregunta es una pregunta que todos y cada uno de nosotros deberíamos hacernos y tratar honestamente de contestar. Cada persona, como individuo, tendrá que enfrentarse a esta interrogante, la cual deberá contestar según su criterio, ideologías y su forma de pensar.

Nosotros, como padres de familia, tenemos el deber y la obligación de inculcar a nuestros hijos buenos sentimientos y costumbres. Es necesario enseñarlos a valorarse a sí mismos por medio de un examen minucioso de su propia persona, observando lo que llevan dentro. Por medio de este examen personal puedan valorar y justipreciar su propia personalidad sin tomar en cuenta la opinión de los demás, cuyas opiniones, podrían distorsionar sus propias ideas acerca de lo que ellos en realidad son o quieren ser.

Todo ser humano que tenga buenos principios y que haya aprendido a valorarse a sí mismo podrá responder en forma honesta y sincera a esa pregunta; ¿cuál es el propósito de mi vida en este mundo? ¿Estaré aquí sólo para vivir y dejar que todo pase en mi vida sin pensar siquiera en por qué sucede lo que sucede? Esto es algo en lo que debemos meditar, y de lo que cada quien tiene que sacar sus propias conclusiones.

Es sumamente necesario fomentar en nuestros hijos la costumbre de estar siempre alerta y no dejar que la opinión de los demás sea lo único que influya en su forma de pensar y actuar, y, sobre todo, no dejar que ésta sea la única base que tomen en cuenta para formar sus decisiones; porque, si bien es bueno escuchar la opinión de otras personas, también es aconsejable examinarlas ya que son ellos los que deberán pensar muy bien antes de tomar cualquier decisión: Algunas de estas decisiones serán cruciales es su vida

Tendrán que aprender a observar sus acciones para que éstas estén hechas de rectitud y equilibrio. Por eso deben estar seguros de que lo que van a hacer es lo que verdaderamente quieren hacer, ya que ellos serán los únicos responsables de sus actos, así como también ellos serán los que reciban los perjuicios o beneficios que originen estas decisiones.

Aquí cabe mencionar lo necesario que es para nosotros encontrar la forma de guiarlos e inducirlos a que tengan fe en sí mismos, a que sepan enfrentar la vida con valor, honestidad, integridad y coraje; además, deben saber que para lograr sobresalir en cualquier empresa, para lograr llegar al objetivo fijado, cualquiera que sea el que ellos se hubiesen impuesto a sí mismos, deberán tener mucha perseverancia; la perseverancia es el punto clave, es lo que los hará llegar con felicidad a la meta deseada.

En todo camino por recorrer hay un final; al recorrer este camino habrá algunos obstáculos que habrá que librar para poder llegar hasta el fin. Para sobreponerse a los más difíciles tendrán que echar mano de todos sus conocimientos. Los conocimientos con la disciplina, acompañados de la tenacidad y perseverancia son los medios que deberán utilizar para llegar con felicidad al fin del camino, que es donde se encuentra el sueño deseado.

Al llegar a la meta se sentirán felices de ver realizado aquello con lo que habían soñado y haber llegado al final. La alegría que experimentarán al llegar a ver culminados todos sus sueños y aspiraciones los llenará de orgullo y satisfacción, dándoles, además, la certeza y la confianza de saber que todo aquello que se propongan lo pueden hacer realidad.

Hay ocasiones en que me siento confundida, o más bien, mis pensamientos me acechan y confunden; con cierta frecuencia vienen a mi mente pensamientos e ideas que una vez dentro de mi ser, no sólo están ahí aferradas, sino que exigen y tratan de forzar mi mente a que haga algo de lo cual no estoy segura que sea lo más correcto.

Todas estas dudas son una constante en mi mente; para decir verdad, me causa mucha pena verme metida en medio de esta confusión, y lo que más me perturba, lo que más y más me acongoja, no son tanto las preguntas que emanan de mi mente confundida, sino mas bien el no ser capaz de encontrar una respuesta clara a todas estas interrogantes.

—Margarita, —mi amor—, Yo, al igual que tú, tengo mis dudas al respecto, pero pienso que estamos haciendo todo lo que está al alcance de nuestras manos por dar rumbo tanto a sus vidas como a las de nosotros; así que . . . . , creo firmemente en que todo tiene que salir bien; por ahora, lo único que tenemos que hacer es tener FE, y esperar a que el tiempo nos de la contestación de si hicimos BIEN o MAL. Eso sí, cuando las respuestas vengan se acabarán todas nuestras dudas, y tendremos que resignarnos y aceptar los resultados con valor y con coraje, sin importar si éstos son positivos o negativos.

Hay otro factor muy importante que debemos tomar en cuenta: las decisiones que ellos tengan que tomar, porque después de todo, serán sus decisiones las que den rumbo a su vida de adultos.

En realidad en eso no hay nada que nosotros podamos hacer; sólo tendremos que tener una buena dotación de paciencia, resignación y esperar.

Sus decisiones serán las que den el resultado final, y es cuando sabremos si fue correcta la forma en que los aleccionamos. Debemos recordar que nosotros fuimos los primeros en enseñarles los conocimientos básicos al principio de su vida, y que aunque no hayan sido los mejores, si fueron lo mejor dentro de nuestros conocimientos y capacidad.

El sistema educativo que imponemos a la niñez en el seno del hogar, en la gran mayoría de los casos, es un sistema positivo que, si bien tiene su lado bueno, está plagado de errores, los cuales no percibimos debido a la falta de conciencia. No somos lo suficientemente conscientes de lo que hacemos al enseñarlos; sólo nos guiamos por las costumbres y la forma de vivir que nos fueron impuestas a nosotros mismos.

Te daré un ejemplo concreto de lo que quiero decir. La gente, al alcanzar la mayoría de edad generalmente trata de encontrar su pareja con el fin de reproducirse y formar su propia familia, tal como lo hicimos nosotros. Ahora bien: ¿Qué es lo primero que hacen las parejas una vez que empiezan a tener a sus hijos? Lo primero que hacen es inculcarles sus propias costumbres, al igual que sus padres hicieron con ellos, y, lógicamente, sus hijos harán lo mismo con sus descendientes, creando así un círculo vicioso del cual es muy difícil salir.

Las costumbres, en la gran mayoría de los casos, son inculcadas en los hijos por el solo hecho de ser las tradiciones de la familia, sin tomar en cuenta si son buenas o malas; la única convicción que se tiene es la de pasar a los hijos lo que se aprendió de los padres.

Algunas de estas prácticas que aprendimos en la niñez, se pueden cambiar fácilmente cuando llegamos a la edad adulta; sin embargo, hay otras que son sumamente difíciles de darles la vuelta cuando queremos hacer un cambio.

Algunas de las enseñanzas que recibimos en los primeros años de vida son muy difíciles de borrar o cambiar, entre las que se encuentran las de índole religioso. Los preceptos religiosos que aprendimos, nos fueron "impuestos" por nuestros padres con la certeza y la convicción de que la religión que se nos estaba enseñando era la única verdadera, la que más nos acercaría a DIOS.

Como sabemos muy bien, existen diferentes religiones con distintas denominaciones, y todas ellas pretenden ser las únicas, las verdaderas. Todo esto me confunde; no sé qué pensar; si son todas estas religiones poseedoras de aquello que con tanto orgullo se atribuyen y pregonan cuando dicen: "ÉSTA ES LA ÚNICA, LA VERDADERA". ¿Son en realidad todas y cada una de ellas la única, la verdadera?

Todas aseguran y dicen: "NUESTRA RELIGION ES LA ÚNICA, LA VERDADERA" En realidad, ¿cuál de todas ellas es la verdadera? Para mí, y para todos y cada uno de los seres humanos, la religión verdadera es aquella que llevamos dentro; que nos fue impuesta por nuestros padres al principio de nuestra vida.

Esto da cabida a otra pregunta: ¿Fueron nuestros progenitores capaces de investigar, o al menos de pensar si lo que nos iban a inculcar era el culto que ellos, después de haber hecho algunas investigaciones, habrían llegado a la conclusión de que éste era en realidad el mejor camino para llegar a DIOS? Yo tengo la convicción, o al menos creo, que la gran mayoría de la gente común no es capaz de siquiera pensar al respecto, ya que los temas religiosos, por lo general, son cuestiones acerca de los cuales nunca inquirimos, estos preceptos y dogmas, habiéndolos recibido de nuestros padres, los tomamos como verdades absolutas.

Todo esto me hace pensar a mí, y posiblemente a muchos otros seres humanos, de la veracidad de las religiones cuando dicen ser las únicas verdaderas. Las religiones en si—sin importar la denominación—todas son buenas. La única inconveniencia—según mi punto de vista—es que, cada una trata de imponer sus reglas y normas, así como sus restricciones, de acuerdo al dogma religioso de cada una en particular y de sus dirigentes

Yo creo que la gran mayoría de los seguidores de una religión, cualquiera que ésta sea, sólo siguen intuitivamente aquel culto en el que fueron iniciados en la niñez, y habiendo sido sus padres los que les "impusieron" estas enseñanzas, las llevan grabadas como una verdad indiscutible e incuestionable.

DESAFIANDO AL FUTURO

Al parecer, éste es el motivo principal por el cual la gran mayoría de la gente sólo sigue la costumbre de ir a la Iglesia por el solo hecho de ir a donde toda la gente va, y porque es a lo que se les adoctrinó desde pequeños; pero, en realidad, no lo hacen por convicción.

Si menciono esto de la religión, sin hacer referencia a ninguna, es porque ésta es una de las costumbres más generalizadas y más arraigadas en la humanidad; y así como éste, te podría dar otros ejemplos de costumbres que, si bien llevamos dentro, nunca analizamos, y lo más probable es que ni siquiera pensemos si son correctas o incorrectas, si son costumbres que se iniciaron teniendo como base la verdad, o bien sólo son costumbres que venimos arrastrando sin saber cómo se originaron.

Lo que yo creo es que, cuando alcanzamos la mayoría de edad y raciocinamos sobre algunos temas de ésos que son controversiales, y nos sentimos confundidos al empezar a tener ciertas dudas, deberíamos abrir un paréntesis para investigar, reflexionar y tratar de obtener un resultado de acuerdo a nuestras experiencias y convicciones en cualquiera de esos temas que son polémicos.

Es aquí donde suena esa voz interna que, aunque confusa, pero apremiante, me incita, me llama a hacer algo, no sólo en lo concerniente a la religión sino en algunos aspectos de la formación que se nos infundió en la niñez.

Debemos hacer esto no sólo en beneficio de nuestros hijos, sino en beneficio de la sociedad en que vivimos. El sistema en el cual fuimos educados dentro del hogar en la infancia es el que nos causa esa inseguridad e incertidumbre.

Cuando llegamos a la edad adulta, y algunos de nosotros fuéramos capaces de usar nuestra inteligencia para investigar lo que en ellas llevamos impreso, nos daríamos cuenta de que algunas de las enseñanzas que se nos impusieron no sólo están equivocadas, sino que no concuerdan con la realidad. Ésta es tan sólo una idea que he llevado en mi mente por muchos años, no quiero profundizar mucho en ella; pudiera ser que en vez de ayudarte, de darte un punto de apoyo, te confundiera aún más.

Con estas ideas que he mencionado en éste, y algunos diálogos anteriores estoy tratando de reiterar lo que con anterioridad hemos hablado; porque muchas de estas preocupaciones, aunque lógicas, no tienen razón de ser, ya que los hijos son los que al final tienen la última palabra.

Bueno, mi amor; creo que por lo menos en la conversación de esta noche hemos sacado algún provecho. Esto es lo que creo. ¿Tú qué crees?

—Si, querido, ha sido muy provechosa—contesta Margarita—más dormida que despierta.

Ya son pasadas las 12 de la noche, por lo que Andrés desea las buenas noches a su querida esposa depositando un cariñoso beso en su mejilla, y con un "hasta mañana", él también se reacomoda para entregarse de lleno a dormir y disfrutar de una noche de descanso.

La noche pasa rápidamente. Las horas se les pasan sin sentir; han perdido un par de horas de sueño, pero no les preocupa, ya que ambos están convencidos de que la conversación, además de amena y agradable, fue muy significativa. A la mañana siguiente, aunque un poco soñoliento, Andrés se despierta con mucho ánimo, mucha energía y con muchas ganas listo para enfrentar los retos del nuevo día.

Andrés se desliza de la cama suavemente y se dirige hacia un pequeño cuarto adyacente a la recámara: el baño, el cual ha acondicionado especialmente para hacer su rutina diaria de ejercicios. Empieza, como de costumbre, con un ligero calentamiento, con el fin de aflojar los músculos para entrar de lleno a los ejercicios que ha venido practicando por años; esto lo pone a tono antes del riguroso baño de todos los días.

Margarita, al darse cuenta que su esposo ya se encuentra de pie, se sale de las cobijas, se incorpora; una vez levantada pasa al tocador a quitarse la crema de noche que acostumbra usar, y que tiene que remover todas las mañanas antes de lavar su rostro y darse, como vulgarmente se dice, "su manita de gato" antes de empezar con los quehaceres de la casa.

Al salir de su habitación, Margarita observa que este día ha dado comienzo con una hermosa mañana, más hermosa que de costumbre, o pudiera ser que ella haya empezado con el espíritu muy levantado, la mente abierta y despejada, lista para enfrentar los problemas cotidianos.

Dirige sus pasos hacia la cocina, al lado de la cual se encuentra el comedor; para llegar a ésta tiene que pasar por una pequeña área con un hermoso jardín en el que abundan las plantas, algunas de las cuales se encuentran en plena floración; este jardincito queda justo frente a un ventanal que da luz y una vista agradable al comedor. Sin darse cuenta, se queda parada, sorprendida y anonadada, al observar los diferentes matices que el sol, con sus rayos luminosos, refleja sobre las flores y plantas, causándole una sensación de placer, ternura y tranquilidad.

Se encuentra tan embelesada y absorta en sus observaciones que no se da cuenta cuando la empleada doméstica se acerca y le dice: "Buenos días, señora". ¡Ah! Buenos días—contesta Margarita—un tanto sorprendida.

¿Quiere que haga algo especial para el desayuno de esta mañana? ¿O quiere que lo prepare de la misma manera como regularmente lo hago?

Sí, Catita; vas a preparar el desayuno como normalmente lo haces; pero antes quiero hacerte una pregunta: ¿Crees tú que esta mañana tan hermosa sea igual que todas las demás, o es ésta excepcionalmente bella y diferente?

Catalina, que es el nombre de la empleada doméstica, es una persona de un carácter dulce y placentero; como es natural, una persona de estas características, al tratar de complacer a su patrona, le contesta diciéndole: —Sí, señora, esta mañana es muy bonita—. Yo diría que más bonita que de costumbre—verdad que si—, continúa diciendo Margarita: el sol es brillante y hermoso, es tierno y resplandeciente; sus rayos, llenos de luz y esplendor apenas nos hacen sentir su calidez, haciéndonos percibir la sensación de que éstos penetran en nuestro interior y nos hacen ver las cosas más hermosas, como si estuviéramos viendo un mundo distinto, fuera de la realidad.

Qué bueno que tú ves las cosas igual que yo porque estaba pensando que era sólo mi imaginación. Esta mañana me levanté con un ánimo sorprendente y mi espíritu rebosante de felicidad; tal vez esto sea lo que me hace ver todas las cosas más hermosas que de costumbre.

Mira, Catita, ven. Acércate y ve esta flor que estoy observando; ésta que está aquí, señalando con su índice una hermosa rosa roja que se encuentra justo frente a ella. ¿Puedes ver los distintos matices en los pétalos de esta rosa, en aquella otra y en la de más allá? Las pequeñas gotas de rocío parecen como si estuvieran flotando sobre sus hermosos y delicados pétalos ¿No te parece fascinante que todas ellas se vean tan hermosas?

Sin dar tiempo a que ésta conteste, Margarita le dice . . . **No** pongas atención a lo que estoy diciendo; es que esta mañana, como ya te decía, me siento llena de felicidad, con deseos de hacer las cosas lo mejor que pueda. Empecemos por hacer todas nuestras labores cotidianas con amor; esto nos dará mucha satisfacción y nos llenará de felicidad. Ve preparando el desayuno; el señor no tarda y los chicos no se han levantado. Tendré qué ir a ver qué está pasando.

En una forma poco usual, ambas mujeres se dirigen en distintas direcciones a cumplir con sus respectivas obligaciones. Una, como patrona, a ver que todo esté bien y la otra, como empleada, se dirige a la cocina donde se dedicará afanosamente a preparar el desayuno y tratar de tener todo listo para que todo esté en orden cuando la familia haga su aparición en el comedor.

La señora, después de cerciorarse de que los niños hayan salido de la cama, se concentra en ayudar a Justito a tender su cama, ya que, como él es el más pequeño de la familia, requiere la ayuda y la enseñanza de la madre para poder cumplir con su rutina, al igual que sus hermanos: tender sus camas, cepillar sus dientes, lavar sus manos, vestirse y arreglarse para estar

DESAFIANDO AL FUTURO

listos e ir en busca de sus alimentos. Esta rutina las tiene que realizar todos los días antes de ir a la escuela.

Margarita, después de haber atendido todas estas ocupaciones, pasa directamente a la cocina para cerciorarse de que todo esté listo y la familia pueda pasar al comedor a disfrutar de un nutritivo desayuno. Al terminar de engullir sus alimentos, todo mundo sale del comedor. Cada quien se dirige a tratar de cumplir con sus responsabilidades de la mejor manera posible. Así, casi sin darse cuenta, se pasan las horas y la mañana se ha ido. Son casi las dos de la tarde. Es la hora de la comida.

PLÁTICAS DE FAMILIA

MARGARITA SE ENCUENTRA muy ocupada dando los últimos toques a los suculentos platillos que ella, con tanto amor y cariño, prepara para su familia.

Aparece a la entrada del comedor Andrés en compañía de su hijo Amado, al cual trae muy cerca de sí. Al parecer están entablando una plática que tienen que suspender momentáneamente al tomar sus respectivos asientos.

Instantes después hacen acto de presencia Justito, así como Amarisa. Tal parece que a estos dos no les importa el tiempo ni lo que está ocurriendo; sólo piensan en que es la hora de la comida y llegan dispuestos a saciar su apetito voraz. Ellos entran al comedor jugueteado y sonriendo; tienen sus mentes puestas en divertirse, empujándose mutuamente, o bien haciéndose caras chistosas.

Margarita sale de la cocina, y con una llamada de atención pone en orden a sus pequeños, los cuales, como son muy obedientes, de inmediato paran sus jugueteos. Amarisa pregunta a su mamá: ¿Qué hiciste de comer hoy, mami?

Es algo muy bueno que espero les guste. Ya ustedes saben, a todas las comidas que preparo les pongo una buena porción de buena voluntad y sobre todo, mucho AMOR.

Al parecer Andrés y Amado no se dan cuenta de lo que a su alrededor ocurre. Ellos se encuentran muy entusiasmados en su conversación. Andrés, en un tono cordial y amable, dice a su hijo: Es muy bueno aprender a ser metódico; esto le facilitará el camino a todo aquél que quiera realizar ciertas obras que requieran tenacidad y constancia; además de aumentar la fuerza de voluntad, le dará a estas personas un cierto grado de seguridad.

Esto quiere decir que si tú quieres ser una de esas personas metódicas, lo cual es muy recomendable, tendrás que imponerte y fijarte ciertas normas, reglas que tendrás que seguir muy de cerca y hacer todo lo posible por sostenerte en su cumplimiento.

Eso sí, al principio te va a ser un poco difícil; tendrás que poner mucho empeño; necesitarás armarte de valor y coraje para mantener tu mente firme en llevar a cabo todo lo que hayas decidido realizar, o más bien dicho, cumplir con todas las tareas que te hubieres impuesto. No deben importarte las dificultades con las que te encuentres; tendrás que conservarte siempre firme en cumplir—de la mejor forma pasible—todas las normas y reglas que te hayas impuesto a ti mismo.

En este mundo la gran mayoría de los seres humanos siempre estamos tratando de superarnos con el fin de sobresalir en una empresa, cualquiera que ésta sea; pero si consideramos que debe haber muchos individuos con el mismo deseo, esto nos hará comprender que tenemos que redoblar nuestros esfuerzos para poder sobresalir; si a esto aumentamos la posibilidad de que habrá muchas personas que quieren sobresalir en la misma empresa que tú, el más diestro será el que vaya más lejos y obtenga los mejores beneficios.

Esto te hará comprender que para sobresalir y ser el mejor tendrás que empezar a prepararte desde muy joven para que puedas destacar y ser no solo el mejor, sino el más apto; recuerda, la lucha será una lucha sin cuartel en la que, para ganar la batalla, y salir victorioso, tendrás que poner todo tu empeño, voluntad y capacidad. Además de fuerza de voluntad, necesitas ser constante, metódico, y sobre todo poner un gran empeño en todo aquello que intentes y quieras hacer.

El éxito no está reservado sólo para los más inteligentes, los más preparados o más afortunados: éste está disponible para todos aquellos que piensen y sueñen en alcanzar una meta, cualquiera que ésta sea.

Desde luego que para lograr que los sueños y los deseos se hagan realidad tenemos que mantener nuestra mente firme; luchar constantemente y sin cesar hasta que veamos la realización de todos nuestros deseos, nuestros sueños y anhelos; además de mantener la mente fija en lo que queremos lograr, tenemos que ser tenaces, constantes y organizados; si cumplimos con estos requisitos, podemos estar seguros de que alcanzaremos el éxito.

—Sin quitar la mirada de su padre. Amado pregunta: Oye, papá... ¿Esto de ser metódico es muy difícil? ¿Qué podría yo hacer para lograrlo?

—Desde luego que no es difícil. Todo lo que tienes que hacer es normar tu vida imponiéndote ciertas reglas que tienes que seguir con constancia, tal como ya te mencioné con anterioridad.

Te daré un ejemplo muy sencillo: todos los días tienes que ir a la escuela a una hora predeterminada, para lo cual tienes que levantarte, salir de la cama con cierta anticipación, calculando tener tiempo suficiente para realizar todas las labores que implican el estar listo para salir de casa con rumbo a la escuela; esto quiere decir que tendrás que levantarte, bañarte, arreglarte etcétera, así como desayunar.

Con todas estas reglas, que te fuimos imponiendo sin tú darte cuenta y sin tu consentimiento, tu madre y yo estuvimos iniciándote en llevar una vida ordenada y metódica.

El orden y la constancia son dos factores muy necesarios para llegar a ser maestros en el arte de ser metódicos. Como podrás ver, al desempeñar puntualmente todas estas labores, a las cuales podríamos dar el nombre de normas o reglamentos, has estado llevando a cabo sin darte cuenta la tarea de ser metódico. Una buena parte de lo que implica ser metódico, es sólo ser constante y ordenado. El orden, junto con la constancia, es el camino

DESAFIANDO AL FUTURO

que te llevará a ser metódico. ¿Quieres ser metódico? "SÉ CONSTANTE, SÉ ORDENADO".

—¡Ahora comprendo! . . . Quiere decir que cuando tú y mamá se empeñaban en que hiciera todas esas cosas a las cuales te refieres, tales como aquélla que me decían constantemente, que hasta hoy en día me siguen diciendo: ¡Apúrate, Amado! vas a llegar tarde a la escuela. Son las siete, y no has terminado de arreglarte. Además tienes que tomar tu desayuno. Recuerda, las clases dan principio a las 7:30, y el reglamento dice muy claramente que debes estar puntual. Tú tienes la obligación de llegar antes, o si no, por lo menos estar a tiempo.

Todo esto que con tanto afán me imponían era con el único fin de que yo me acostumbrara a observar todas estas reglas. Yo hacía todo lo que ustedes me decían, porque ustedes me lo mandaban, mas nunca pensé, o más bien, no comprendía el porqué de todas estas cosas. Ahora que comprendo el significado de ellas tendré que cumplir yo todas estas exigencias por mí mismo, sin esperar que ustedes me lo ordenen. ¿Estoy en lo correcto?

—¡Si, Amado, así es!, contesta Andrés enfáticamente, mostrando en su rostro un semblante de satisfacción.

Ahora que veo me has comprendido, quiero que sepas que, además de estar en lo correcto, me da mucho gusto saber que has entendido perfectamente lo que significa el ser metódico. La desorganización, el desorden y la inconstancia son algunos de los factores que influyen en las personas para que éstas nunca puedan alcanzar la meta deseada; como podrás comprender, eso de ser metódico es algo imprescindible cuando se quiere sobresalir en esta vida.

Otra de las grandes ganancias que obtendrás es que, estarás aprendiendo a manejarte tu solo; a tener confianza en ti mismo, y esto te iniciará en cómo resolver tus propios problemas y disputas; saber cómo manejarte cuando seas insultado, y saber imponer tu voluntad sin tener que luchar por ello.

Las personas que llevan un vida desordenada y desorganizada, que no hacen con constancia las tareas que se han impuesto; por lo general, son individuos que nunca llegan a realizar nada ya que con suma frecuencia suspenden lo que están haciendo, dejándolo sin terminar, para pasar a otra cosa en lo que harán lo mismo; como podrás comprender estos personajes nunca llegan a destacar en nada. Espero tomes nota de esto para que no te vayas a convertir en uno de ellos.

Sé muy bien que tú sabrás librar todas estas dificultades, estos obstáculos y tentaciones; que de ahora en adelante estarás muy al pendiente de realizar todas tus obligaciones sin excusas ni pretextos; con constancia, con tenacidad y ordenadamente solo así lograrás realizar todo lo que te propongas o, por lo menos, estarás en el camino correcto, tratando de hacer lo mejor dentro de lo posible.

¿Estoy bien, o estoy equivocado?

—Amado se apresura a contestar a su padre en forma positiva, asegurándole que él pondrá todo lo que esté de su parte para cumplir con sus obligaciones cotidianas.

Esta conversación entre padre e hijo se había estado llevando a cabo en un forma tan amena, que ninguno de los dos se dio cuenta cuando se sirvió el primer platillo, por lo que Margarita tuvo que hacer del conocimiento de padre e hijo que la comida ya se encontraba frente a ellos, por lo cual tuvieron que hacer una pausa y dar principio a disfrutar de ella.

A punto de terminar el platillo de entrada, Andrés, dirigiéndose a sus dos hijos menores, dice: Niños, es necesario que se porten en una forma más correcta y muestren su educación, principalmente a la hora de la comida; deben guardar mejor compostura y mostrar que saben comportarse en forma adecuada. Me he dado cuenta de que durante el tiempo que estuvimos conversando con Amado, ustedes han estado jugueteando, y eso no parece ser un buen comportamiento, lo mejor es que se porten bien.

¡Sí, Papito! —contesta Amarisa—que es la mayorcita de los dos. Trataré que esto no vuelva a ocurrir.

Después de haber corregido a sus dos pequeñuelos, Andrés, dirigiéndose al mayor de sus hijos, le dice: Amado, estoy muy orgulloso de ti. He recibido un reporte de tu escuela en el cual me indican que te estás comportando muy bien; además, has estado aprobando todas las materias. Si sigues así, terminarás tu primaria con muy buenas calificaciones, lo cual te facilitará el camino a tus estudios secundarios.

Sigue así, hijo mío; más adelante en tu vida recibirás la recompensa por todos los esfuerzos que ahora estás haciendo. Algunas de las grandes ganancias que obtendrás serán que, además de estar normando tu vida, estás aprendiendo a dominar tus instintos, y esto te va a favorecer mucho en tu vida de adulto.

Es muy necesario que comprendas qué, a muy temprana edad, en la vida de todas las personas, empiezan a aparecer en el pensamiento, ideas vagas e insólitas que suelen acosarnos con cierta frecuencia; ideas que, al parecer, no tienen fundamento o significado alguno, por lo que nuestra mente, al tratar de encontrar algún significado a todo eso, empieza a merodear sumergiéndose en el mundo infinito de lo desconocido. Al tratar de descifrar, analizar y entender lo que todas estas ideas y pensamientos significan, entramos en una especie de trance en el que nuestra imaginación nos hace ver como real todo aquello que percibimos.

La imaginación es la única que nos puede llevar, nos puede transportar al espacio dentro del universo donde todo existe. Éste es el océano de las posibilidades; en él, todo es posible y se encuentra ahí, en forma inédita. Todos los sueños, todos los deseos y aspiraciones están esperando a que los seres humanos las hagan realidad. Te aconsejo tener en cuenta todas estas observaciones, y lo tomes muy en serio. El tener todos estos recursos al alcance de tu mano te traerá grandes beneficios

La IMAGINACIÓN es una facultad, y como decía Albert Einstein: "La imaginación es más importante que el conocimiento"; por tal motivo es sumamente necesario que tratar de cultivarla, usándola frecuentemente; esto aumentará tú capacidad creadora.

Como te podrás dar cuenta, para crear hay que imaginar. Cuando imaginamos, entramos al mundo de la creatividad, al universo infinito de las posibilidades. Esto, recuerdo haberlo leído en uno de tantos libros que han pasado por mis manos y que he guardado con bastante interés. Siempre me ha interesado la buena lectura, principalmente toda la que proviene de autores famosos de la actualidad, como Deepak Chopra, Carlos Castaneda, Paulo Coelho y Wayne W Dyer, por mencionar algunos.

Es muy importante crear el hábito de leer. La lectura, además de nutrir tu mente, desarrollará tú imaginación. Una buena lectura siempre trae consigo muchos beneficios.

Andrés, con un tono de duda e incertidumbre, dirigiéndose a su hijo, le pregunta: ¡Amado! ¿Comprendes de lo que estoy hablando? Dime si no entiendes para tratar de explicarte un poco mejor su significado; o bien buscar palabras que tú puedas entender y asimilar, ya que los temas que estoy tratando son de mucha importancia; además, jugarán un papel muy importante en tu futuro.

Amado, que se encuentra cabizbajo y meditabundo, se apresura a contestar a su papá, y dice: Si ves que estoy callado y pensativo es porque trato de concentrarme para no perder nada de lo que dices y poder asimilar con claridad todo lo que estás exponiendo. Pierde cuidado; estoy entendiendo muy bien todas estas explicaciones que ahora me estás dando porque sé que las voy a necesitar muy pronto.

El tema de la imaginación—continúa Andrés—es un tema bastante interesante, y además es de suma importancia. Es necesario que lo comprendas y te familiarices con él para que puedas usar toda la sabiduría que ella encierra. En otras palabras, para simplificar aún más el tema de la imaginación, te diré: Si quieres crear algo nuevo, o bien, modificar algo que ya existe, tendrás que imaginarlo y visualizarlo primero; después tendrás que ir—por medio de la imaginación—al océano de las posibilidades, donde tendrás que buscar aquello que has imaginado.

Una vez que lo encuentres, deberás analizarlo cuidadosamente, comparándolo con lo que ya visualizaste. Si estás convencido de que lo que has encontrado es lo deseado, lo que has imaginado, todo lo que tienes que hacer para convertirlo en realidad, es capturarlo y asegurarlo bien en tu mente, de donde podrás extraerlo y hacerlo realidad.

La imaginación es la llave que te abrirá la puerta de la creatividad. Para ser creativo tendrás que ser imaginativo. La inspiración desempeña un papel muy interesante en lo que concierne a la creatividad. Cuando ésta llega con su influencia sobrenatural, nos hace sentir creativos, nos despierta el deseo de crear y hacer, pensando que todo está al alcance de nuestras manos, y que todo lo podemos realizar.

En esos momentos de inspiración es cuando, sin darnos cuenta, empezamos a usar la imaginación; mas hay que tomar en consideración que, en la gran mayoría de los casos, la capacidad creadora da inicio en ese momento súbito en el cual hace su aparición la inspiración. Es importante estar consciente que, por lo general, cuando llega un momento de inspiración, tenemos que hacer uso de éste, y tratar de sacar el mayor provecho posible usando nuestra imaginación.

Como te habrás dado cuenta, la imaginación y la inspiración son dos facultades que, aunque distintas, tienen una estrecha relación, se enlazan entre sí dando la impresión de ser sólo una.

Si estudiamos más de cerca su significado nos daremos cuenta de que la imaginación es la facultad de visualizar, de poder ver mentalmente aquello que queremos crear, y la inspiración es la capacidad de crear. Ambas están conectadas entre sí por una sola razón: la CREATIVIDAD. Este vínculo o lazo de unión es el responsable, el que crea la confusión, dando cabida a mal interpretar el papel que cada una desempeña cuando se quiere crear algo nuevo.

Así que hay que estar muy alerta y no confundirnos. Recuerda: para crear hay que tener inspiración e imaginar; además debemos tener la aptitud de crear o bien, tener el talento necesario para poder ser creativos; al mismo tiempo, tendremos que aprovechar los momentos de inspiración. Yo creo que el individuo, o más bien dicho, el ser humano, para crear, debe tener la inteligencia; sin ésta, aun teniendo toda la imaginación del mundo, sería muy difícil crear.

Amado, aunque muy atento a la conversación de su padre, no había dejado de ingerir sus alimentos. Esto ocasionó que, habiendo terminado con su platillo, estuviera ansioso esperando que la empleada doméstica hiciera su aparición con el resto de la comida.

Margarita había dado ya la orden de que se sirviera el platillo siguiente; por tal motivo Amado dirigía su mirada hacia la cocina con insistencia. A él le parecía una eternidad el tiempo que había pasado y el platillo siguiente no llegaba. Al ver que la sirvienta no aparecía, Amado, dirigiéndose a su mamá, le dice: ¡Oye mamá! ¿Por qué tarda tanto esta mujer? Yo tengo demasiado apetito. Quiero seguir comiendo y ella no aparece por ningún lado. ¡Llámala! ¡As Algo!

Espera, hijo—contesta Margarita, con un tono de voz suave, pero firme—. Ya verás, aparecerá en cualquier momento. Cálmate, por favor. No seas desesperado; ten un poco de paciencia. Comprendo el porqué de tu apetito voraz: estás creciendo mucho y muy pronto. Ten calma, hijo mío. ¡Mira!, ¡Mira!, dice Margarita.

Con un movimiento de ojos y cabeza, indica al niño que dirija su mirada hacia la cocina. En ese instante hace su aparición Catita, mostrando en su rostro un gesto de apuración; entra al comedor pidiendo disculpas por haber demorado tanto.

Sintiéndose feliz al ver que su deseo de seguir comiendo se estaba realizando, Amado dice a su papá: Creo haber entendido bastante bien todo lo que me has explicado acerca de la INSPIRACIÓN y la IMAGINACIÓN: que ambas dan origen a la creatividad.

Ahora, yo quiero me expliques algo a cerca del FANATISMO. He escuchado mucho esa palabra, y al oírla, me siento un poco confundido ya que no comprendo muy bien su significado; tengo idea de lo que quiere decir, he escuchado a personas adultas decirla ocasionalmente, y creo haber llegado a imaginar lo que ésta quiere decir. ¿Por qué somos un pueblo fanático? Si en realidad somos un pueblo fanático, ¿qué es lo que lo ocasiona y cómo podríamos evitar el ser fanáticos?

Hijo, esta pregunta que me has hecho es un poco difícil de contestar, esta palabra de "fanatismo" es algo que empleamos con cierta frecuencia en las conversaciones, aunque, por lo general, la mayoría de la gente no comprende muy bien su significado, así que, para poder explicarte esto del fanatismo, vas a tener que ser paciente y escucharme hasta el final; tal vez tendremos que quedarnos aquí en el comedor y hacer sobremesa, aunque seamos sólo tú y yo: Tú disfrutando un postre que sea de tu agrado, y yo, disfrutando de un delicioso cafecito, ¿te parece bien?

—Claro que me parece bien—contesta Amado—estaré muy atento a tu explicación; porque, como ya te dije, tengo mucha curiosidad, y más que nada, quiero saber qué significa eso del fanatismo.

Muy bien. Empezaré por decirte que el fanatismo es como un pulpo que tiene muchos tentáculos que se extienden por todos lados creando confusión en los individuos, las sociedades y el mundo en general. Por tal motivo, empezaré a desarrollar el tema en lo concerniente a nosotros, a nuestra sociedad.

En el caso de nuestro pueblo, existe un grado bastante elevado de fanatismo, lo cual nos hace vulnerable a ser cautivos de uno o varios de sus tentáculos. En los deportes, por ejemplo, somos fanáticos, sí, pero no en una forma exagerada. Tengo que hacer la aclaración de que el fanatismo en los deportes es generalizado a nivel mundial; la única diferencia que hay es que unos países son más fanáticos que otros.

Hay naciones donde el fanatismo en los deportes es tan exagerado, que se han dado casos de guerra entre dos Estados tan sólo por un partido de fútbol.

—¿Y qué es lo que causa este fanatismo tan exagerado? —pregunta Amado—.

—Yo creo que por una parte la falta de cultura, y por otra, las costumbres. Cuando el fanatismo se desarrolla en forma exagerada, causa mucho mal, afectando tanto a los individuos como a las sociedades en general.

El nacionalismo es uno de los terrenos donde el fanatismo nace, crece y se desarrolla con más facilidad, echando raíces tan profundas, que son casi imposibles de extirpar.

El nacionalismo es el sentimiento que se nos inculca y nos hace sentir amor por nuestra nación; este amor es el que nos incita a luchar por nuestra Madre Patria, nuestra libertad y nuestros ideales. Todos aquellos preceptos y normas que nos fueron ensañados para honrar y defender nuestro territorio y nuestra libertad, son los que llevamos dentro, muy dentro de nuestro ser, luchando, si es necesario, para defenderlos; este sentimiento es lo que los líderes aprovechan para llevarnos a la guerra, si es necesario, haciéndonos creer que debemos pelear para defender nuestra Patria, nuestra libertad, derechos e ideales.

Como podrás ver, el fanatismo es el causante de muchas tragedias. Una persona fanática no ve, no oye y no entiende razones; se ciega completamente hasta el punto de dar cabida en su mente sólo a sus propias ideas y conceptos, sin pensar siquiera si éstos son verdaderos o falsos. Cuando la sociedad en su conjunto, al igual que los individuos, llega a ese punto donde se cree ciegamente en algo, sin pensar si esto es bueno o malo, sólo actúan de

DESAFIANDO AL FUTURO

acuerdo a lo que ellos creen que es lo correcto, lo verdadero; estas personas o esta sociedad han caído en manos del FANATISMO.

Tanto las sociedades, como los individuos, son presa fácil del fanatismo. El apasionamiento llega a un cierto punto en el que toma posesión de las personas, sin ellas darse cuenta, ya que lo hace lentamente y poco a poco.

Una vez que está bien posesionado, se manifiesta cuando menos lo esperas, y sin darte cuenta estás poseído: ERES UN FANÁTICO. Hay que estar muy alerta, dudar, reflexionar y hacernos la pregunta: ¿estaré haciendo lo correcto?, ¿será esto lo verdadero? Todas estas preguntas te harán recapacitar, y lo más seguro es que encontrarás la verdad, o estarás muy cerca de ésta, lo que evitará que te conviertas en un fanático.

Recuerda, es bueno tener dudas y cuestionar todo aquello que creamos que es cuestionable. Debemos estar siempre muy alerta para darnos cuenta de lo que es verdadero y lo que es falso.

Si nos comemos todo lo que nos den, sin saber siquiera qué es lo que estamos ingiriendo, y lo remitimos directo a nuestras mentes, tal como nos llega, incurriríamos un grave error, ya que estaríamos guardando verdades y falsedades juntas; sin embargo, si las catalogamos antes de almacenarlas, podría cambiar nuestra percepción de las cosas. Aquí lo deseable sería tomar lo bueno como verdadero y lo malo o indeseable como falso; así podremos normar nuestras vidas con rectitud y equilibrio.

Con un pequeño análisis podríamos evitar confundirnos. Una vez que la mente almacena algo malo como bueno, y lo toma como verdad, se crea una idea equivocada que nos hace creer que lo bueno es malo y lo malo es bueno, haciendo cosas malas en la creencia de que son buenas. Una vez aceptado lo malo como bueno, se hace costumbre, formando un concepto equivocado que abre la puerta y da paso libre a la confusión y al fanatismo.

Amado, al parecer, se ha interesado tanto en la explicación que su padre le está dando acerca del fanatismo, que hasta dejaba de comer de vez en cuando para poner más atención, como si estuviera tratando de guardar muy bien todo lo que había escuchado. En cuanto le fue posible, Amado dice a su papá: ¿Quiere decir que el fanatismo es uno de los factores que originan que un pueblo o un individuo sean cautivos?

—Bueno, —dice Andrés—. Lo que quiero decir es que un pueblo o un individuo pueden ser presa fácil del fanatismo, lo cual los convierte en cautivos del fanatismo.

—Esto quiere decir que estoy en lo correcto—replica Amado—.

—Así es, hijo, veo con satisfacción que estás entendiendo bien lo que estoy tratando de explicarte con respecto al fanatismo—. Esto del fanatismo es sólo uno de los factores que originan que una persona o una sociedad sean cautivas. En este caso, el cautiverio es causado por el fanatismo; pero recuerda, son muchas y muy variadas las formas de las cuales se puede ser cautivo.

Para ser fanático se tiene que creer ciegamente en algo, sin cuestionarlo, sin pensarlo, sin raciocinarlo; sólo se tiene que creer con pasión en ese algo. Además, el fanático no escucha razones, se aferra ciegamente a sus creencias y no da cabida en su mente a todo aquello que lo pueda inducir a cambiar. El fanático será siempre cautivo; mas el cautivo no siempre es un fanático.

Tal vez te haya creado un poco de confusión en lo concerniente al fanatismo relacionándolo con el cautiverio. Créeme que este tema del fanatismo relacionado con el cautiverio es un poco difícil de explicar y entender. Ten paciencia; la experiencia te hará comprender con más claridad todas las cosas que ahora te son difíciles de concebir.

Volviendo al tema de si somos un pueblo fanático, yo diría que, aunque somos fanáticos en alguna forma, generalmente hablando no lo somos; somos una sociedad libre que más bien podríamos decir que abusamos de la libertad, de esa libertad que la Constitución nos ha otorgado. Esto es cuando nos referimos a la sociedad que forma un pueblo; sin embargo, cuando nos referimos a un solo individuo como persona, las cosas cambian.

DESAFIANDO AL FUTURO

Una persona puede ser presa muy fácil del fanatismo en muchas y muy variadas formas, sobre todo cuando la persona es ignorante; la ignorancia hace a las personas más vulnerables al fanatismo.

El fanatismo se acentúa aún más cuando de religión se trata. El ser humano fue creado como el pensador más hábil de la creación; por esa misma razón, y desde el principio de los tiempos, ha existido en su mente el deseo de saber quién es, de dónde viene y a qué o a quién debe su existencia. Todo esto lo ha hecho pensar en el más allá, en lo sobrenatural, y ha tratado de encontrar respuestas adecuadas a estas preguntas. Después de mucho pensar y habiendo pasado mucho tiempo, llegó a la conclusión de que debe haber un Ser Supremo, sobrenatural, el cual lo ha creado, así como también creó todas las maravillas del mundo que lo rodea.

Ahora bien, una vez fija la idea de haber sido creado por ese Ser infinitamente poderoso, se siente comprometido con Él, y trata de encontrar la forma de comunicarse y hacerle saber sus deseos de mostrar su agradecimiento, naciendo así, dentro de sí mismo, la idea de rendirle culto: ensalzándolo, adorándolo, creando ciertas normas para venerarlo, lo cual dio origen a la religión. Este concepto fue adquirido por el hombre primitivo en el principio de los tiempos, desarrollándose y creciendo a través de muchos años.

Durante largo tiempo—miles de años—fueron numerosos y muy variados los cambios que sufrieron todas las deidades que el hombre en un principio extrajo de su imaginación con el fin de rendirles culto; además, crearon en su primitiva mente e imaginación semidioses a los cuales deberían respetar, venerar y adorar.

En un principio, el hombre empezó a rendir culto a todo aquello que afectaba su existencia, es decir, a todo lo que se interponía entre él y su entorno, o más bien dicho, todo aquello que en una forma u otra intervenía en su primitiva forma de vivir. El sol, la luna, la lluvia, el viento, son algunos de los que primero ocuparon su imaginación; fueron tal vez los primeros a los que se les rindió culto.

Podemos asegurar que si comparamos los conceptos que se tenían de la creación y de la religión en el inicio de la civilización con los de hoy en día, nos daríamos cuenta de que existe una diferencia grandísima entre ambos, así como también de que son muy distintas las formas en que se manifiestan.

Si la religión se originó y nació de lo más profundo del pensamiento humano, debe tener raíces tan hondas como su existencia misma. Una vez nacida ésta, creció y se desarrolló creando un tronco robusto y fuerte, del cual brotaron ramas de tamaño, forma y direcciones distintas, dando como resultado la creación de las distintas creencias y religiones.

Debo hacerte la aclaración que este es el concepto que yo tengo de cómo se desarrollo la religión, ya cuando llegues a la edad adulta, será de tu incumbencia llegar a tus propias conclusiones.

Hubo una época en la que se tenía muy arraigada la creencia de la existencia de muchos dioses, y que cada uno de ellos tenía una función específica, tales como el dios del viento, el cual era invocado para que los protegiera de las fuertes corrientes; el dios de la lluvia, al cual se le pedía que les trajera mucha cuando ésta era escasa, y que la disminuyera cuando venía en abundancia; y así sucesivamente, tenían un dios para cada uno de los elementos que afectaban sus vidas.

Todas las creencias del hombre antiguo tenían un mismo propósito: adorar y rendir culto al ser o seres supremos que creía regían sus destinos. El hombre moderno, en la actualidad, sigue con las creencias—en esencia semejantes—aunque con algunos cambios. Quizá la gran mayoría creemos en un Dios, aunque lo llamemos con diferentes nombres: Cristo, Alá, Buda, Jehová, o cualquier otra denominación que se haya dado a este Ser Supremo.

Aquí lo que hay que recordar es que ahora, en nuestros días, existen muchas religiones, y que todas son fundamentalmente buenas, esto es, mientras no se apodere de los creyentes el FANATISMO. Una religión fanatizada es sumamente peligrosa.

Hay que recordar que ha habido religiones que en el nombre de DIOS cometieron muchas injusticias, se enfrascaron en guerras y matanzas, que causaron grandes estragos en la humanidad. Las religiones, todas y cada una de ellas, predican ser las poseedoras de la verdad, las únicas que enseñan y esparcen la verdad, y esto, por lógica, no puede ser, ya que si cada religión tiene su propia verdad, serían muchas verdades y esto sería ilógico e inaceptable.

—Bueno . . . —dice Amado—todo esto es nuevo para mí; ni tú, ni nadie me habían explicada nada de esto que ahora me estás diciendo en lo concerniente a la religión. Qué bueno que hayamos llegado a este tema en nuestra conversación; estaré escuchándote con interés, para aprender todo lo que me dices

—Trataré de explicarte en una forma sencilla la importancia que tiene en la humanidad la religión, sus dogmas y conceptos. En primer lugar te diré: las religiones todas, o si no todas, la gran mayoría, son buenas, ya que inducen a sus seguidores tener fe y ser creyentes. Yo creo que lo principal en la vida de todo ser humano es tener fe y Creer en algo. Este es el concepto fundamental, es el ingrediente mágico con el cual se forman las bases de toda sociedad humana.

Ahora bien, una vez adquirido el concepto de tal o cual religión, es sumamente necesario analizarlo y someterlo a nuestro propio criterio, con el fin de alcanzar ideas claras y precisas acerca de los principios de esta religión; reflexionar si es lo que buscamos y se ajusta a nuestro modo de ver la realidad, y si pensamos que es éste el camino por el cual quisiéramos conducir nuestras vidas. Esto es muy necesario, ya que si no lo hiciéramos nos convertiríamos en simples seguidores y, por ende, materia prima del fanatismo. En otras palabras, muy fácilmente nos podríamos convertir en FANÁTICOS.

Toda esta explicación que te he dado sólo concierne a la religión. Ahora trataré de explicarte un poco más lo que se refiere a la política. La política, junto con la religión, son los temas de más trascendencia en la vida del ser humano.

Así como en las religiones ha habido diversa deidades en las cuales los pueblos creían ciegamente, así mismo ha habido diversos líderes, los cuales, valiéndose de su astucia, hacían que la gente creyera ciegamente en ellos y les otorgara el poder para regir sus destinos. Esto creó la política. La política es el elemento del cual se sirven los líderes para convencer y hacer que las masas los sigan hacia el horizonte que ellos creen que es la mejor opción para el pueblo.

En la política, al igual que en la religión, el fanatismo abunda, engrosando sus filas día con día; sólo que en la primera no es tan generalizado ni tan arraigado como en la segunda, y esto se debe a que en la política, los dirigentes y candidatos a gobernantes son cambiados constantemente, siendo por lo general estos cambios los que originan que sea en los seguidores de los partidos políticos donde más florece el apasionamiento.

El hecho de ser seguidor de un partido político es el que hace la gran diferencia entre la religión y la política. En la religión, es uno solo el personaje en el cual se cree y al que se sigue constantemente, de acuerdo con las enseñanzas que propaga cada credo; en otra palabras, es una creencia que generalmente es inculcada en cada persona y que se lleva dentro del ser desde que se tiene huso de razón, y que llevaremos hasta el final de nuestros días; exceptuando aquellos casos de individuos que logran hacer un cambio. Éste es el motivo por el cual la religión está mucho más arraigada en la humanidad que la política.

Quiero hacerte la aclaración de qué lo bueno y lo malo que he expresado en algunas ocasiones, no tiene nada que ver con la religión o temas religiosos; esto es con el único fin de que comprendas que así como hay cosas buenas también hay otras que son malas. También hay caminos buenos que te conducirán hacia un buen futuro, y otros que llevarán al fracaso y la derrota.

La religión que te hemos enseñado es la que nosotros aprendimos de nuestros padres; ellos la aprendieron de sus antepasados, formando así la cadena de la cual somos parte. Ahora estará en tus manos decidir si estos conceptos religiosos que has aprendido de nosotros continúan, se modifican o se cambian de acuerdo a tus ideas, tus aprendizajes, conceptos y dedicación.

Después de terminada la comida, incluido el postre, Margarita, habiendo notado que hasta los dos miembros más pequeños de la familia se encontraban atentos a la conversación sostenida entre padre e hijo, ella decide no interrumpirlos y esperar el momento oportuno para intervenir. Aprovecha la pequeña pausa que Andrés hiciera, y dice: Querido, la plática está muy amena, pero es demasiado tarde, tenemos que desalojar el comedor —recuerda—Catita tiene que terminar con su trabajo; deberá limpiar y recoger todo antes de poder dar por terminadas sus labores de este día.

Dicho y hecho, todos se levantaron de sus asientos, y salen del comedor sin argumentar nada, los dos pequeñines jugueteando entre sí, como siempre. Andrés, con su mano derecha sobre el hombro de su hijo, siguió entusiasmado hablando con éste, que, al parecer, escuchaba con atención la conversación, aunque sin dialogar; sólo Margarita se había quedado para asistir a la empleada doméstica a que tanto el comedor como la cocina se recogieran bien y quedara todo en su lugar.

En esta forma amena, llena de cordialidad, amistad, cariño y respeto, es como Andrés trata de conducir los destinos de su familia. Se sentía feliz y satisfecho al ver que sus sueños se estaban convirtiendo en una realidad. Da gracias al creador y le pide que lo siga iluminando y le dé la gracia de poder conducir a su familia por el buen camino, ya que él sabe muy bien que sin esta gracia sería casi imposible llegar a la meta con un resultado satisfactorio.

Esta familia es muy feliz. Hay mucha armonía, mucho amor y respeto entre ellos. El tiempo, al parecer, se les pasa sin sentir; sólo se dan cuenta de la marcha vertiginosa e incesante de éste cuando ocurre algún evento, tal como el cumpleaños de alguno de los miembros, o bien, el aniversario de los cónyuges, así como también, algunas otras ocasiones especiales que los hacen realizar, los hace darse cuenta de los muchos años de felicidad de los que han disfrutado.

Como es natural en todas las familias, ésta también ha tenido sus malos ratos, contratiempos y dificultades. Hay que reconocer que ésta feliz familia ha sabido conservar la paz y la tranquilidad debido a la habilidad de los cónyuges para manejarse entre sí.

Han sabido salir adelante, ya que, como es natural, hubo ciertas ocasiones en las que tuvieron que echar mano de todo lo que estuvo a su alcance con el fin de conservar la serenidad y dar solución de la mejor forma posible a todos los problemas y tropiezos que fueron presentándose a lo largo de los años. Todo empezó desde aquel feliz e inolvidable día en el que formaron esta familia al unirse en matrimonio.

DESAFIANDO AL FUTURO

FINALIZA LA PRIMERA ETAPA
DE FORMACIÓN ACADÉMICA

ES ÉPOCA DE graduaciones. Toda la familia se encuentra afanosamente trabajando en los preparativos para concurrir a este tan importante evento. Ha llegado el día, ese día tan esperado, en el que Amado terminará su educación primaria.

Margarita ayuda diligentemente a los dos más pequeños a terminar de arreglarse y vestirse con sus mejores prendas. Al mismo tiempo trata de ir avanzando en su propio arreglo, ya que, como todos sabemos, las mujeres por lo general suelen tardar un poco más para arreglarse y tratar de verse mejor, principalmente, cuando se trata de un evento tan especial como el que está por acontecer.

En ocasiones como ésta Margarita echa mano de sus mejores vestimentas, así como también de todos sus conocimientos en el ramo de la belleza, con el fin de verse más presentable y atractiva. Andrés, por su parte, ayuda a Amado a que haga lo propio, aunque apurándolo un poco, ya que, después de echar un vistazo a su reloj y ver que falta escasa media hora para la ceremonia, no le queda más remedio que hacerlo del conocimiento de su familia, y les dice: ¡Apúrense, por favor! Recuerden, el auditorio se encuentra un poco retirado y sólo tenemos poco menos de media hora para llegar.

Andrés, con Amado de la mano encaminándose hacia la puerta, dice a su esposa: Querida, voy a poner en marcha el auto. Por favor no demoren. Recuerda, toma quince minutos llegar al auditorio y no creo que sea correcto llegar tarde; faltan solo veinte minutos para que dé principio la ceremonia, y nuestro hijo es uno de los graduados; así que será necesario que nos demos prisa para llegar a tiempo.

¡Sí, mi vida, ya voy! Andrés sube al auto, inserta la llave de encendido y lo pone en marcha. En ese momento aparece Margarita tirando de la mano a sus dos pequeñuelos, y les dice: ¡Vamos, niños! Vayan a donde su papá y suban al auto; yo tengo que asegurar la casa. Dicho esto, abre su bolso de mano, extrae de éste un pequeño llavero y tomando la llave de la casa, la introduce rápidamente en la cerradura de la chapa; con un ligero movimiento de su mano, deja la casa bien asegurada.

Después de subir al auto y verificar que toda su familia se encuentre dentro de éste, Margarita dice: ¡Vamos, querido, el tiempo apremia! Andrés conduce suavemente el auto por varias calles hasta detenerlo frente a la puerta principal del auditorio, y dice a su familia: Bajen aquí; así no tendrán que caminar; yo iré a dejar el auto al estacionamiento y regreso tan pronto como me sea posible.

Rápidamente Margarita y toda su prole bajan del auto buscando cómo encontrar el camino más fácil hacia la entrada del edificio. Es tanta la gente que está tratando de entrar al mismo tiempo, que le hacen las cosas un poco complicadas. Después de algunos empujoncitos aquí y allá logra abrirse paso entre la muchedumbre. Cuando menos lo esperaba se encuentra dentro del recinto. Abriendo su bolsa de mano extrae un pequeño pañuelo blanco con el cual limpia el sudor de su rostro que ya corría desde su frente hasta sus mejillas; ahora sí que le costó sudar la gota gorda para poder atravesar todo aquel gentío y llegar dentro del salón donde se llevarían a cabo los eventos.

Amado, dice Margarita dirigiéndose al mayor de sus hijos. Mira, allá en el frente se encuentran todos tus compañeritos. Ve a donde ellos; ahí debe de haber lugar para ti.

Yo iré a buscar asientos desocupados para toda la familia; tu papá debe estar por llegar. A ver, niños, vamos por acá. Miren, parece ser que hay varios asientos vacíos; espero no estén apartados. Bueno, lo que quiero decir es que no los tengan reservados para algunos familiares que estén por llegar.

Sin pensarlo dos veces se dirigen hacia el lugar indicado. Al llegar, Margarita pregunta a las personas cercanas si los asientos se encuentran disponibles. La contestación es afirmativa y ella prosigue a ocuparlos. Para poder llegar a ellos tiene necesidad de incomodar a las personas que se encuentran al principio de la fila, ya que los asientos se encuentran aproximadamente a la mitad de ésta, por lo cual muy amablemente pide que la disculpen y con mucho cuidado pasa a ocupar los asientos vacantes.

Se encuentra apenas terminando de acomodarse con sus dos pequeños cuando aparece Andrés, muy cerca de donde ella se encuentra. Al verlo, Margarita grita. ¡ANDRÉS, ANDRÉS! ¡Acá estamos! Éste, habiendo visto a su familia, dirige sus pasos hacia ellos y, dirigiéndose a su esposa le dice: nunca me imaginé que fuéramos a encontrar tanta gente aglomerada en un lugar tan pequeño y lo que lo hace aún más complicado es que la puerta de ingreso está abierta sólo a la mitad; no sé, tal vez sea con fin de controlar la entrada.

Ya reunidos y relajados después de todo el ajetreo, Margarita pregunta a su esposo: ¿Cómo te fue para estacionar el auto, querido? —Bueno . . . te diré—, pudo haber sido peor. En realidad no tuve ningún contratiempo; tal vez fue mi buena suerte, porque había varias personas que daban vuelta y vuelta buscando un espacio donde estacionar su auto, y al parecer no lo encontraban; pero yo llegué e inmediatamente encontré lugar. Lo difícil fue entrar aquí al salón. Había tanta gente que pensé me iba a tomar más tiempo para encontrarlos; sin embargo, ya viste; nos encontramos fácilmente.

Se encuentran ya cómodamente sentados en sus respectivos asientos cuando, de pronto, una vocecilla chillona, pero muy conocida para todos, los interrumpe. Es la voz de Justito que, dice: mami, papi, la ceremonia está dando principio. ¿Cuándo van a llamar a Amado a recoger su diploma?

Esto será tan pronto como le toque, o más bien dicho, cuando sea su turno y lo llamen, —contesta Andrés—. Primero tendrán que hacer la presentación de los distintos funcionarios de la escuela, así como también de las autoridades civiles y eclesiásticas. Después vendrán los discursos, y para finalizar, llamarán a cada uno de los alumnos que se van a graduar para hacerles entrega del certificado que los acredite como estudiantes que han finalizado sus estudios primarios.

Como podrás imaginar por lo que acabo de decir, esto va para largo, así que será mejor que te acomodes muy bien en tu asiento, trates de calmarte y tengas mucha paciencia; así, cuando menos lo esperes, verás a tu hermanito subir al foro y recibir su certificado.

Después de atender a su pequeño y dar contestación a su pregunta, se dirige a su esposa y le dice: Lo mejor será que nosotros hagamos lo mismo que recién recomendé al niño. Tú ya sabes, estas cosas son interesantes, sí, mas este proceso no deja de ser largo y aburrido; al menos eso creo yo. ¿Tú qué opinas?

—A mí me parece esto muy interesante, además me recuerda los años de mi niñez. Todo esto me hace pensar y me hace sentir como si estuviera soñando, un sueño, que ahora se está convertido en realidad.

No crees que es algo maravilloso ver a nuestro hijo graduarse de su educación primaria, esto me hace sentir como si estuviera viviendo fuera de la realidad, que es imposible, que no puede ser. Once años han pasado demasiado rápido, aunque a mí me parece como si hubiese sido ayer cuando Amado nació. ¿Te acuerdas?

Esto me llena de alegría y satisfacción ver que aquel pequeño angelito que vino a este mundo trayéndonos tanta felicidad, se esté transformando en todo un adulto lleno de amor e ilusiones; ojalá siga así, para que se convierta en un hombre útil a sí mismo y a la sociedad, lo cual me daría una gran satisfacción—.

DESAFIANDO AL FUTURO

—Sí, mi amor—. Yo sólo me refería al acto en general, ya que toman demasiado tiempo en los discursos; tal vez éstos deberían ser más cortos y hacerlos más interesantes. Así, estas ceremonias no serían tan prolongadas. Además, hay que considerar que con tanta gente aglomerada en un espacio tan reducido, como es el de los salones, por amplios que éstos sean, el ambiente es sofocante, el aire se enrarece y, la verdad, es difícil respirar; sobre todo, es difícil tener que soportar el aliento y el olor de tanta gente.

Así, entre pláticas, risas y el murmullo de todos los asistentes, que al parecer se encuentran muy felices disfrutando de las charlas que sostienen entre sí, que ni siquiera prestan atención a lo que los oradores tratan de exponer. Da la impresión de que eso es lo que menos les interesa. En realidad es muy poca la gente que se da cuenta de lo que está pasando en el foro. De todos modos el tiempo transcurre y el momento esperado por todos los asistentes ha llegado. Es hora de la entrega de diplomas. Todo mundo guarda silencio.

La persona en el estrado empieza a llamar por su nombre a cada uno de los graduados, haciendo entrega del certificado que los acredita como estudiantes que han finalizado los primeros años de su educación escolar. Con este documento podrán dar inicio a sus estudios secundarios.

Después de llamar a todos y cada uno de los alumnos finalistas, dan por concluida la sesión, deseando a los graduados, así como a sus familiares, felicidades: a los primeros, por haber terminado felizmente sus estudios primarios, y a los últimos, por haberles dado su apoyo durante todos estos años. Invitan a todos los estudiantes a que continúen con su educación hasta el día en que logren terminar los niveles superiores y obtengan un título de graduación en una carrera profesional, cualquiera que ésta sea.

Habiendo concluido la ceremonia, todo mundo se levanta de sus asientos dirigiéndose cada familia a reunirse con sus recién graduados, lo cual parece imposible, ya que es demasiada la gente que está tratando de hacer lo mismo y al mismo tiempo. Una vez reunidas las familias, todas se dirigen hacia la salida principal, en la cual, como es de esperar, se hace una pequeña aglomeración. Una vez fuera del recinto, algunas familias emprenden su camino por las calles aledañas; otras se dirigen hacia el estacionamiento donde han dejado sus autos, entre los cuales se encuentra la familia Cortazon.

Al llegar a su auto, Andrés abre las puertas para que todos puedan ingresar, indicándoles no olvidar poner sus cinturones de seguridad; una vez hecho esto, él entra, y tomando asiento frente al volante, lo pone en marcha. Se cerciora de que no haya autos ni transeúntes en su camino y suavemente lo hace mover para conducirlo a casa.

En el camino todo marcha muy bien. Margarita no para de elogiar a su hijo, y dirigiéndose a los más pequeños les manifiesta sus deseos de que ellos sigan el ejemplo de su hermano mayor y hagan todo lo posible por obtener iguales o mejores calificaciones que Amado.

Después de un corto viaje, que como ya sabíamos, es de tan sólo unos cuantos minutos, llegan a casa todos felices, contentos y llenos de alegría; los más pequeños, por ver a su hermano mayor graduarse de Primaria; Andrés y Margarita, de ver a su hijo en el camino correcto que, es el que lo conducirá a convertirse en un ser humano realizado.

Amado, por su parte, se siente satisfecho y muy feliz de ver que tan esperada fecha ha llegado, y que al fin ha terminado la primera etapa de su educación; además, muy pronto estará viendo sus sueños realizados de entrar a la fase siguiente de su formación, que es la educación secundaria, la cual, además de abrir nuevos horizontes, le dará la oportunidad de conocer otros amigos, así como también de encontrarse cara a cara con nuevos retos y desafíos.

Es un poco tarde hijos—dice Andrés al llegar a casa—es hora de ir a la cama, así que será mejor que cada uno vaya directo a su habitación. Me siento cansado. No sé. Tal vez sea que no estoy acostumbrado a estar en un espacio tan limitado, y entre tanta gente; lo que sí sé, es que sentía que me faltaba el aire y no podía respirar. Llegó un momento en que me sentía tan desesperado, que estuve a punto de salir del recinto en busca de aire fresco, pero, me aguanté hasta el final. Así que me van a disculpar, ahora solo pienso en ir a la cama y relajarme

—Tenía la impresión de que íbamos a charlar esta noche sobre los eventos ocurridos durante la ceremonia de graduación—dice Amado a su papá—. No, hijo . . . Sí sería bueno que comentáramos al respecto, pero es tarde y me siento cansado, ya les expliqué el motivo de mi cansancio; comentaremos al respecto en cuanto haya una oportunidad.

Recuerda . . . , aunque ustedes no tienen clases y que estarán de vacaciones por los próximos dos meses, nosotros, tu mamá y yo, tenemos que continuar con nuestras obligaciones. Ya pronto saldremos todos juntos a disfrutar de un muy merecido descanso; ustedes ya saben que por lo general todos los años salimos en busca de un lugar donde podamos relajarnos; así que, éste año no va ser la excepción.

Las vacaciones son muy necesarias; nos relajan dando a nuestro cuerpo y a nuestras mentes una tregua que nos hace olvidar, aunque sea por unos días, la rutina y el ajetreo de la vida diaria. Ustedes tendrán que escoger si desean ir a la playa o a cualquier otro lugar que tengan ganas de conocer.

¿A dónde les gustaría ir? . . . Los chicos no tienen que pensarlo dos veces. Casi no dan tiempo a que Andrés termine su pregunta, cuando rápidamente contestan a una misma voz, como si se hubieran puesto de acuerdo: ¡A la playa, papá, a la playa!

Muy bien, hijos; ya discutiremos esto con más detalle. En primer lugar tenemos que ponernos de acuerdo con su mamá, con el fin de hacer planes más concretos al respecto. Ya les avisaremos cuándo será la reunión familiar para definir fecha y lugar. Ahora, todo mundo a sus habitaciones y buenas noches. ¡Qué sueñen con los angelitos!

Andrés empieza a bostezar; lo hace con unos bostezos muy largos, lo cual indica que, además de cansado, tiene mucho sueño; esto lo hace verse un poco aletargado, y al parecer todo lo que quiere ahora es ir directamente a la cama. Con paso firme y decidido se dirige directamente a su habitación, donde tiene la seguridad de que su esposa lo está esperando.

Margarita había aprovechado la plática entre los chicos y su padre para ir a revisar las habitaciones de los niños y asegurarse de que todo estuviera en su lugar; para que los chicos puedan entrar a dormir sin tener nada de qué quejarse. Después de haber echado un vistazo y encontrar todo en orden se dirigió a su recamara.

Tal como lo esperaba, Andrés, al entrar en la alcoba, encuentra a su esposa en el aposento alistándose para ir a la cama. Lo primero que ella había hecho fue cambiar su indumentaria de fiesta por la de dormir; habiendo hecho esto, va directo al baño. De pronto escucha a Andrés que dice: Querida, tus hijos están listos para ir a la playa. ¿Tú como te sientes? ¿Estás dispuesta a tomar unas vacaciones?

—Yo me siento bien, —contesta Margarita—; sólo que un poco cansada, debido tal vez a la monotonía de la rutina diaria. Creo que unas buenas vacaciones nos caerían bien a todos, ¿no crees?

—Sí, desde luego—replica Andrés—. Yo me siento agotado, y un buen descanso me caería de maravilla. Te prometo poner todo en orden en la oficina. Ya te avisaré cuando todo esté listo para poder hacer planes en concreto y dar la buena noticia a los niños.

Mientras ha estado conversando con su esposa, Andrés cambia su atuendo de día por el de dormir y se va directamente al cuarto de baño, en el que se encuentra su esposa que está por terminar de cepillar sus dientes. Al verlo, ella le dice: Querido, dame un segundito más; sólo tengo que tomar un poco de crema para la cara y entonces podrás tener el baño todo para ti solo. Yo estaré esperando en la cama. Quiero que tengamos una buena conversación esta noche.

Sí, mi amor; estaré contigo tan pronto como me sea posible. Margarita, habiendo terminado sus arreglos personales, toma un libro, se mete en la

DESAFIANDO AL FUTURO

cama, y después de ponerse cómoda da principio a la lectura, dando tiempo a que su esposo termine sus necesidades y venga a hacerle compañía.

—Querida, —dice Andrés al salir del baño—soy todo oídos para escuchar lo que tengas que decir. Aunque te diré, me siento agotado; recién explique a los chicos el motivo de mi cansancio, pero para ti siempre estaré disponible sin importar que sea lo que me acongoje. Al decir esto, se desliza suavemente bajo las cobijas depositando un beso lleno de ternura en la mejilla de su esposa.

Después de dejar el libro sobre la mesita de noche que se encuentra al lado de la cama, Margarita, volteando su rostro hacia donde se encuentra su esposo, le dice: —Mi amor—, ¿te das cuenta del cambio tan grande que nuestra familia tiene que experimentar con la graduación de educación primaria de nuestro hijo mayor?

Sí, querida, soy consciente de ello, y sé muy bien que el motivo principal de este cambio es no sólo el que Amado haya terminado la educación primaria, sino más bien, es el hecho de que nuestro niño esté pasando de una etapa a otra de su vida. Muy pronto estará pasando de la niñez a la juventud, y eso, como es natural traerá en él un cambio emocional bastante fuerte. Nosotros, como sus padres que somos, tendremos que estar muy al pendiente, brindándole incondicionalmente nuestro apoyo y nuestros consejos, consejos que esperamos lo ayuden a encontrar su camino en la vida.

Sí, debemos considerar que Amado se encuentra principiando esa etapa tan difícil como es la pubertad. Ésta es la etapa en la que toda persona empieza a ver las cosas desde un punto de vista distinto. Las preguntas y los retos serán diferente a los de su niñez; al mismo tiempo, empezará a tomar la vida con más seriedad.

Este cambio es tal vez el más importante que ocurre en el lapso de vida de todos los seres humanos—replica Margarita—. Es por eso que nosotros, como sus padres, debemos estar conscientes de lo difícil de esta situación y tratar de asesorarlo, guiarlo y ayudarlo para que le sea más fácil la transición. Con nuestro apoyo le será más fácil ver con claridad todos los tropiezos y dificultades que vaya encontrando a lo largo de su camino. En esta forma podrá librar todos esos obstáculos con mayor facilidad

Es muy importante instruir a los hijos en lo relacionado al sexo; para que, vayan adquiriendo algunos conocimientos básicos al respecto. Por lo general, la gran mayoría de los individuos, llegamos a esa etapa de la vida sin saber cómo manejar las situaciones sexuales cuando éstas empiezan a aparecer. Si los padres fuéramos más conscientes y, tratáramos de enseñarlos a reconocer los impulsos sexuales y cómo manejarlos, les evitaríamos muchos dolores de cabeza

Esto desarrollaría en ellos la confianza de saber que todo saldrá bien. Tendrán que ser consciente de que los medios que utilicen para resolver estos problemas sean los correctos, y que estén basados en la verdad, que son las enseñanzas que recibieron de sus padres; al mismo tiempo, deberán tomar en cuenta sus propias experiencias. De ser así, lo más probable será que encuentren las soluciones más viables, razonables y eficaces, que los lleven siempre a un resultado feliz.

Andrés, habiendo escuchado atentamente y con beneplácito la contestación que su esposa le diera, se acerca un poco más a ella y, besándola tiernamente, como en señal de aprobación, le dice: . . . Mi amor, tú como siempre, estás al pendiente de todo, y al parecer tienes la contestación correcta para todos los problemas, bien sean éstos pequeños o grandes. Además debo decirte: a mí los sentimientos me parecen algo muy importante y, . . . ¡Permíteme un momentito!, —interrumpe Margarita—. Antes de entrar de lleno a eso de los sentimientos, que es un tema bastante amplio, me gustaría comentar algo que yo creo es de suma importancia; la RESPONSABILIDAD.

Yo creo que, la responsabilidad es algo imprescindible. Nosotros en el hogar, en el seno de la familia, debemos ser consientes de la gran responsabilidad que tenemos de inducir a nuestros hijos a que sean responsables. Desde que son pequeños tenemos la obligación de iniciarlos y hacerlos comprender que ser responsables es algo de suma importancia, de lo que no pueden prescindir.

—Eso que acabas de decir es muy cierto—dice Andrés—porque, qué ganaríamos con tener unos hijos súper educados, pero que no sepan enfrentar las responsabilidades de la vida diaria. Algunas veces se dan casos de personas muy educadas que no son capaces de enfrentar y resolver las mínimas necesidades ocasionadas por el vivir de todos los días.

Qué bueno que me hayas interrumpido querida, y te doy toda la razón. Este tema de la responsabilidad es más importante, o por lo menos está a la misma altura que el de los sentimientos; porque si bien una persona irresponsable es nociva para sí misma, también lo es para la sociedad; una persona sin sentimientos es lo mismo que aquella que es irresponsable.

Si logramos instruir a los hijos para que sean responsables en todos sus actos, esto les dará tranquilidad y los enseñará a vivir en paz consigo mismos. A mí me parece que si creamos un ambiente familiar adecuado para que aprendan a vivir en paz consigo mismos y para que sean responsables de sus actos, tendrán la base firme de estas verdades contundentes.

Al llegar a la edad adulta, esto les ayudará a ver con más claridad la realidad de la vida, y podrán enfrentar y dar solución adecuadamente a los problemas que a diario aparecen en la vida de todo ser humano. Si somos capaces y, logramos imprimir en sus mentes la fuerza de la responsabilidad, será un logro que les dará confianza y seguridad al tratar de resolver sus problemas, cualesquiera que éstos sean.

Mi amor, piensas muy bien y eso que recién expresaste es una verdad indiscutible que debemos aceptar; y, si logramos hacer que nuestros hijos así lo comprendan, sería un triunfo que nos haría sentir satisfechos y orgullosos, porque una persona responsable actúa siempre con cautela en todo lo que hace, y el ser cauteloso lo hace menos propenso a cometer errores. Ahora bien, yo creo que para ver que esto se realice tendremos que empezar por enseñarles a ser honestos con ellos mismos y con los demás.

Con esto quiero decir que para que puedan lograr una paz duradera, todo ser humano, además de ser responsable y honesto, tiene que descubrirse a sí mismo y saber sus capacidades. Esto los ayudará a ser personas completas, tanto física como moral e intelectualmente; además, tendrán la capacidad de convertir los momentos de temor, creados por la imaginación, en momentos de placer y felicidad; los sueños frustrados, en sueños realizados.

Que puedan ir más allá de los límites impuestos por la mente: lo desconocido, lo imposible, lo infinito; al lugar donde todo es posible, y a donde todos quisiéramos llegar, pero arriban los que tienen el deseo, la capacidad y el coraje para lograrlo.

La realidad es que todos llevamos la paz dentro; por tal motivo, todo lo que hay que hacer es enseñar a nuestros hijos a descubrir esa paz interna, así; una vez que la descubran, serán capaces de extraerla, comprenderla y convertirla en felicidad. Además, habrá que hacerlos comprender que la naturaleza humana es parte de la divina, y como tal, puede convertir en realidad hasta lo imposible. Todo lo que tienen que hacer es atreverse a soñar, convertirse en soñadores; así podrán entrar a ese mundo fantasioso de los sueños, donde todo puede convertirse en realidad.

Los sueños, si bien no todos, sí la gran mayoría de ellos, podríamos materializarlos; esto será posible siempre y cuando estemos dispuestos a pagar el precio.

Todo lo que queremos lograr en esta vida viene etiquetado con un precio; este precio puede parecernos demasiado elevado, puesto que debemos pagar su valor, no con moneda, sino con sacrificios de toda índole, lo cual puede ocasionar en nuestra mente una debilidad y una flaqueza de espíritu que nos haría pensar y ver esto como algo imposible de lograr ó realizar.

Ahora bien, para pagar este precio hay que poner una buena porción de fuerza de voluntad, así como también dedicarnos en cuerpo y alma a trabajar con ahínco y tenacidad en aquel sueño que queremos hacer realidad, teniendo siempre presente que debemos ser firmes en nuestros propósitos y no dejar que nadie, a nuestro alrededor, nos diga que no podemos hacerlo.

En esta vida hay tantas vueltas y recovecos que es sumamente difícil encontrar el camino correcto sin antes pasar por una serie de obstáculos y problemas, los cuales se tienen que resolver conforme se presenten.

Cuando un problema aparece y no se resuelve a su debido tiempo, lo más probable es que con el tiempo crezca, convirtiéndose en un problema mayor y más difícil de resolver; por tal motivo es necesario solucionarlos conforme van apareciendo; de esta forma nos olvidaríamos de ellos y no dejaríamos que se anidaran en nuestra mente, donde se convertirían en monstruos imposibles de controlar, que causarían grandes estragos en nuestro ser.

—Estoy convencida—replica Margarita—que todas estas ideas que tratamos de inculcar en nuestros pequeños son ideas sanas, que los guiarán por el camino adecuado. Debemos asegurarnos de que lleguen a ellos con bastante claridad, para que no se confundan y haya un mal entendido. Los malos entendidos son los causantes de que muchas veces tomemos decisiones que nos conduzcan por el camino equivocado.

Son muchas y muy variadas las lecciones que debemos tratar de inculcar a nuestros pequeños retoños. Naturalmente, tenemos que estar siempre alerta, para que cuando se vayan presentando las oportunidades les hagamos comprender si algo que hacen está bien o mal.

En otras ocasiones tendremos que esperar a que las dudas e interrogantes aparezcan en sus mentes, para que cuando vengan a nosotros en busca de ayuda, nos demos cuenta de que es el momento adecuado en el cual podemos introducir nuestros conocimientos. En ese preciso momento es cuando tenemos que estar preparados para darles ideas justas, objetivas y precisas que los conduzcan a pensar y raciocinar en lo que es más conveniente, para que ellos mismos sean capaces de encontrar soluciones a sus propias dudas e interrogantes. Yo creo que en esta forma aprenderán más de nuestros consejos y observaciones.

Si somos lo suficientemente pacientes y esperamos a que se acerquen a nosotros, por el solo hecho de haberles dado la oportunidad de que sean ellos los que vengan espontáneamente en busca de ayuda, tendremos una mejor oportunidad y estaremos en mejores condiciones de lograr nuestro objetivo, que es el de orientarlos correctamente

Tenemos que ser pacientes y dar tiempo al tiempo; sólo de esta manera, esperando a que se nos acerquen en busca de ayuda, serán más receptivos, estarán más atentos y con sus sentidos más afinados, poniendo toda su concentración para escuchar nuestras observaciones e instrucciones; en esta forma, no habría la necesidad de forzarlos a que nos escuchen, y mucho menos tendríamos que forzar en sus mentes algo que aunque fuera lo mejor del mundo, ellos no estuvieran dispuestos a aceptar.

Por el solo hecho de ser pacientes y prudentes, podríamos lograr mejores resultados; yo creo que el ser tolerantes nos enseñaría y nos daría la paciencia necesaria para esperar a que se presente la oportunidad que nos daría la ventaja, y tal vez sería lo más conveniente y lo más provechoso para todos. Cuando ellos sienten la necesidad de preguntar es cuando pueden estar más atentos, captarían más de lo que tratamos de enseñarles; para nosotros sería más fácil y no tendríamos que esforzarnos mucho para que entendieran nuestros consejos

Naturalmente, querido, todo lo que dices tiene un buen fundamento; pero tengo la seguridad que habrá ocasiones en las cuales se tiene que actuar de inmediato, y en estos casos, la paciencia, el ser pacientes de nada serviría. Dándose las circunstancias, y teniendo el conocimiento de que algo es definitivamente equivocado, no podemos, no debemos esperar;

tenemos que actuar, aunque nos viéramos en la imperiosa necesidad de tomar decisiones instantáneas.

Aun sabiendo que no hemos tenido el tiempo suficiente para pensar la forma de reprenderlos, tenemos la obligación el hacer de su conocimiento que están haciendo algo mal; tiene que haber ocasiones en las cuales tenemos que actuar de inmediato y corregir todo aquello que veamos que está mal, sea esto en su forma de pensar o de actuar. Es sumamente necesario tomar las medidas correctivas en el momento preciso.

Siempre que notemos que hay algo mal, es nuestra obligación hacérselos saber, para no dar cabida a que ellos piensen que están haciendo algo bueno, y que aunque la intención sea buena, estén pensando o actuando en una forma que no es correcta.

Cuando los niños son muy pequeños es cuando debemos tomar una actitud correctiva y actuar de inmediato, ya que si no lo hiciéremos así, unos segundos después sería demasiado tarde. Por ejemplo: si un infante va directo a un peligro inminente, y sabemos que si lo dejamos podría causarse daño, es necesario intervenir de inmediato.

En una situación de esta naturaleza hay la necesidad urgente de retirarlos de aquel peligro y hacer de su conocimiento que lo que estaban por hacer, no está bien, para que en lo sucesivo tengan más cuidado y no lo vuelvan a intentar.

En el preciso momento en que notemos que algo está mal, o algo malo está por ocurrir, es cuando con mucha paciencia, y haciendo uso del conocimiento y la experiencia que nos han dado los años, debemos retirar a los niños del peligro, señalando lo que estuvo por acontecer para que tomen nota y esto no vuelva a ocurrir.

Siempre que tratemos de evitar una actitud equivocada en un infante, o en un niño pequeño, sabiendo que algo malo está por ocurrir debido a su comportamiento o forma de actuar, debemos ser cautelosos en la forma que lo hacemos para evitar confundir al pequeño; pero eso sí, tenemos que hacerlo en el momento requerido, ya que si no lo hacemos así, después podría ser demasiado tarde.

No debemos olvidar que, si bien nuestra meta, nuestro objetivo principal es la educación de la familia, también es cierto que nosotros, como actores principales, somos el prototipo o modelo; somos el ejemplo vivo de lo que ellos tratarán de ser en el futuro; por tal motivo, debemos ser muy cuidadosos de la forma en que actuamos y nos comportamos, especialmente frente ellos, ya que si actuamos en una cierta forma y les enseñamos algo diferente, causaríamos en sus mentes un desequilibrio que fomentaría la inseguridad, porque no tendrían una base firme y sólida que les indicara lo que es correcto o incorrecto.

Nosotros debemos ser un punto fijo, un punto de apoyo que les dé seguridad en su viaje por la vida, para que no se conviertan en seres errantes, llenos de dudas y complejos, sino que puedan recurrir siempre a ese punto de apoyo ya asegurado en su mente.

Si hay algo que deseo con todo mi corazón, con toda mi alma, es ver que nuestros hijos se conviertan en seres útiles, tanto para ellos mismos como para la sociedad. Yo estoy dispuesta a pagar cualquier precio, por alto que éste sea; no importa cuántos y qué tan grandes sean los sacrificios, estaré siempre dispuesta a hacer lo que sea necesario con el fin de ver este sueño convertirse en una realidad.

Es de suma importancia estar conscientes de que nosotros, como la cabeza y pilares de esta familia, tenemos que ser fuertes en las decisiones que tomemos, y tener mucho cuidado de no desviarnos o salirnos de la ruta que nos hubiéremos trazado; porque, si al encontrar los primeros obstáculos nos desviamos y nos salimos por la tangente, pensando que los problemas que encontremos en esta desviación van a ser más fáciles de resolver, lo cual por lo general no es así, lo único en lo que incurriríamos sería una flaqueza, una debilidad y falta de convicción.

Esta actitud sería muy dañina para los niños, ya que al notar que hay cierta incapacidad en nosotros, ellos desarrollarían un sentido falso de inseguridad que los haría pensar que han encontrado el camino fácil para lograr hacer lo que quieren con tan sólo hacer caso omiso a nuestras advertencias y consejos, y esto les sería muy perjudicial.

Además, hay algo muy importante: el ingrediente principal que ambos debemos tener, ¿sabes qué es querida? No, no tengo idea—contesta Margarita—. La fe mi amor, la fe. ¿Recuerdas aquella frase célebre que dice: LA FE ES CAPAZ DE MOVER MONTAÑAS? ¡Sí! . . . . Recuerdo haberla escuchado. —Afirma Margarita. Pero, ... ¿Tú crees que el solo hecho de tener fe es suficiente para que todos nuestros sueños se hagan realidades? ¡Desde luego que sí, querida! —contesta Andrés enfáticamente.

La fe existe y muy bien podríamos decir que es el símbolo de la confianza. También existe la sabiduría universal. Ésta se encuentra en nosotros mismos y en todo lo que nos rodea. Siempre debemos tener la fe acompañada de la confianza. Si tenemos FE y CONFIANZA, todos nuestros sueños y deseos se convertirán en realidades. Sólo hay un requisito fundamental, y es que todos nuestros deseos estén cimentados en la verdad. Además, no deben llevar dolo ni maldad.

Cuando actuamos con la verdad buscando no sólo el bien propio, sino el bienestar de los demás, toda la sabiduría universal estará de nuestra parte para hacer realidad aquello con lo que tanto hemos soñado y deseado.

Sí, es muy necesario guiar a la familia por el buen camino, pero también es muy importante guiarlos con sabiduría, amor y ternura. Es necesario estar siempre consciente de que lo que hagamos sea lo mejor, y no excedernos, no pasarnos de los límites, porque podríamos perjudicarlos en vez de ayudarlos.

Así como hay padres que son abusivos, también los hay que son demasiado consentidores. Los padres consentidores son todos aquéllos que por amor, desamor, descuido, arrogancia, o simplemente por falta de voluntad, no tienen cuidado de reprender a sus hijos cuando ven que éstos están cometiendo una falta, que pudiera ser bastante grave, estos padres, cuando notan que los hijos están haciendo algo mal, no lo toman en cuenta, o bien, lo toman como un chiste, una gracia, diciendo: "Qué gracioso es mi niño". Debemos ser muy cuidadosos para no convertirnos en unos de esos padres consentidores.

Debido al gran amor que algunos padres sienten por sus hijos pueden cegarse de tal forma, que ni siquiera son capacees de tomar en cuenta las malas acciones y errores que éstos cometen; sólo ven en ellos lo bueno y sobresaliente, por tal motivo nunca los reprenden ni les llaman la atención. Debido a la miopía de estas personas, todo lo ven en una forma que difiere mucho de la realidad, haciéndolos creer que sus hijos, por el solo hecho de ser sus hijos, son los mejores y todo lo que hacen es perfecto.

El mal entendido de estos padres, aunado a la falsa realidad del mundo en el que viven, y que ellos mismos se han forjado, los hace ver a sus hijos como si fueran lo más perfecto; siendo ellos todo perfección no pueden cometer errores; así, teniendo esto en mente, sólo dialogan con ellos para elogiarlos y decirles que todo lo que hacen está bien hecho.

Esto ocasiona que les den la señal equivocada, causándoles graves problemas en el futuro. Es necesario estar consciente de que los niños hacen cosas buenas y cosas malas; es por eso que debemos ser muy cuidadosos, y sí, elogiarlos cuando hacen algo bueno, pero también debemos corregirlos cuando hacen algo malo.

Si llegara a surgir una situación así en nuestra familia—dice Andrés—lo más correcto sería: no dejar pasar estos incidentes de mal comportamiento desapercibidos; y mucho menos, hacerlos creer que lo que hicieron está bien hecho. Lo que si podemos hacer y es muy aconsejable, es hablarles en una forma amistosa y sincera sin poner mucho énfasis en el incidente; pero sí, buscar las palabras correctas que los haga comprender—sin herir sus sentimientos—que lo que hicieron está mal.

Nosotros, mi amor, creo que estamos caminando por el buen camino, educando a nuestros hijos de manera que con nuestra ayuda ellos sean los arquitectos de su propio destino. Hemos sido muy cuidadosos al enseñarles a distinguir entre el BIEN Y el MAL. De esta forma, cuando sean adultos y tengan su propia familia, no pasarán a engrosar las filas de esos padres consentidores o abusivos que tantos problemas causan, no sólo a sus hijos, sino a la sociedad en general.

La mejor conclusión a la que he llegado, después de meditarlo pacientemente y sin usar ningún truco mental que pudiera influir o desequilibrar el resultado obtenido en mi reflexión, es que nosotros, como padres, debemos hacer comprender a los hijos que las instrucciones que estamos tratando de infundirles son el producto de los aprendizajes obtenidos de nuestras propias experiencias, y que ellos tendrán que tomar en cuenta no sólo nuestras enseñanzas, sino todas las lecciones que hayan adquirido de sus propias experiencias; sólo así podrán tomar las mejores decisiones, determinaciones que les traigan resultados favorables.

Lo más importante, o más bien dicho, una de las cosas muy importantes en el desarrollo de la vida de un ser humano, es que, cuando apenas empieza a tener uso de razón, sus padres sepan que es el tiempo adecuado, para inculcar en ellos la visión clara y contundente de una meta o un final; así, conociendo poco a poco, a medida que evolucionan, su punto de partida y sabiendo a dónde van, les será más fácil orientarse a seguir la dirección correcta que dé rumbo a sus vidas.

Con esta visión tendrán las bases para justificar sus logros y así podrán ver claramente sus avances conforme se vayan realizando en la vida. Al mismo tiempo podrán constatar si se encuentran en el rumbo correcto hacia su meta, esa meta que ellos mismos se hubieren fijado. En caso de ir por el camino equivocado, podrán hacer los cambios convenientes y encauzarse en la ruta que los lleve a lograr su fin.

Entre las cosas que a mí más me preocupan—dice Margarita—es pensar que nosotros, en nuestro afán de encontrar la forma de dar a nuestros hijos una base sólida donde puedan forjar un futuro seguro, por algún motivo o circunstancia desconocida nos equivocáramos y traspasáramos el límite abusando de ellos, siendo impositivos y no tolerantes. No quiero ni siquiera imaginar que nosotros nos convirtiéramos en padres abusivos, ya que si hay algo que yo odio, son los padres abusivos; éstos causan daños tan severos y profundos que ni el tiempo es capaz de borrar.

Me entristece encontrarme con jóvenes que se consideran torpes, brutos o incompetentes, porque eso fue lo que escucharon constantemente de los labios de sus propios padres. Frases como: "Eres un tonto, un bruto, un animal, un estúpido," (por mencionar algunas de las más comunes), son algunas de las frases empleadas con mucha frecuencia por los padres abusivos. No debemos caer en la tentación de usarlas, ni mucho menos de reprenderlos con gritos y golpes que tanto daño causan en los menores.

Hay que enseñarlos a que piensen en grande y a que esperen mucho de ellos mismos; de no ser así, crecerían con una baja autoestima, pensando siempre que valen muy poco y esperando poco o nada de sí mismos. Como podrás ver, si los enseñamos a pensar en grande, alcanzarán grandeza. No les cortemos las alas. Enseñémoslos a soñar y a volar, que den rienda suelta a su imaginación; una vez que hayan aprendido esto, llegarán muy lejos y volarán muy alto.

Por lo que veo tú también tienes tus ideas muy claras de lo que quieres y de lo que no quieres para tus hijos. Esto me da mucho ánimo para seguir adelante en busca de esa fuente mágica de la sabiduría, que nos ilumine y nos enseñe el camino por el cual debemos conducir a nuestros hijos ¡Hacia el mundo de la realización y la felicidad!

Nosotros como adultos debemos enfrentar y resolver nuestros propios problemas para que los niños tengan un modelo, un ejemplo a seguir:

un ejemplo vale más que cien palabras. Con este paradigma en mente, debemos ser muy cuidadosos, no dejar que una situación, por leve que sea, pase desapercibida.

—¿Qué debemos hacer? —Pregunta Margarita—.

—Resolver todos los problemas de inmediato, y no dejar que se convierta en una complicación mayor; de ser posible, hacerlo del conocimiento de los menores para que ellos tomen nota y vayan aprendiendo que en esta vida siempre hay situaciones difíciles, y que éstas, para bien o para mal, se tienen que solventar; aunque sí, debemos ser cautelosos pensando muy bien antes de actuar para no causar un mal entendido.

Los niños, por lo general, parece como si estuvieran distraídos sin darse cuenta de lo que está ocurriendo a su alrededor; hay que tener cuidado, mucho cuidado con lo que decimos, porque siempre están alerta, escuchando todo lo que los adultos dicen y hacen. No nos dejemos engañar, seamos prudentes.

Algunas veces es aconsejable hablar de cosas importantes cerca de donde estén para que puedan escuchar sin darse cuenta que lo hacemos con el propósito de que ellos se enteren. Esta estrategia a veces rinde buenos resultados. Aquí lo importante sería encontrar la forma adecuada para que los menores puedan comprender y aprender que todas las dificultades que vayan apareciendo a lo largo de su vida las tendrán que zanjar tan pronto como sucedan.

Sería un gran logro si pudiéramos hacer comprender a los niños desde muy temprana edad que a todas las complicaciones se les debe dar salida según vayan apareciendo; una vez allanadas éstas, se deberán olvidar, guardando sólo las experiencias que hayan obtenido.

Además, deberán aprender a resolver todos aquellos problemas que por equivocación cometan. Si los dejan de lado y hacen caso omiso de ellos, lo único que estarían haciendo sería perpetuarlos, creando más problemas; esto los haría terminar con más y más complicados rompecabezas que aquellos que trataron de esquivar, ya que todas las dificultades no resueltas se multiplicarían, ocasionando un monumental problema imposible de resolver.

La incertidumbre es algo que se ha metido en nuestras mentes, haciendo que muchas veces nos encontremos vacilantes en nuestra forma de actuar, lo que ocasiona temor e inseguridad.

Yo sé que para nosotros dar un paso equivocado nos causaría malestar, esto debido al error cometido; por tal motivo, lo mejor será adquirir algunos libros que nos den un poco de luz y nos iluminen el camino sobre la educación y la conducción de nuestros hijos. Esto nos proporcionaría la confianza necesaria para tener evidencia de lo qué debemos hacer y cómo actuar para que ellos caminen por el difícil sendero de la vida, con paso firme y seguro hacia la meta de la realización.

Tengo muy presente el momento en que cada uno de nuestros hijos vino a este mundo; los hemos visto crecer y desarrollarse físicamente con nuestros cuidados, mimos y atenciones. Ahora debemos empeñarnos en hacerlos crecer espiritualmente, ya que es nuestro deber dirigirlos correctamente para que su intelecto, al igual que el físico, crezca y puedan desarrollar la imaginación, que es la que llenará sus vidas, no sólo de amor, sino de FE y ESPERANZA.

Yo creo, dice Margarita, que todos estos pensamientos que estamos inculcando en ellos están muy bien fundados; éstos les darán bases firmes de las cuales podrán depender; al mismo tiempo, podrán reforzarlos con sus propios pensamientos y alcanzar sus propias decisiones, ya que finalmente tarde o temprano tendrán que estar en completo control de sus vidas.

Los buenos hábitos, como ya lo habíamos mencionado con anterioridad, es otro de los factores importante para la buena formación de nuestra familia—continuó diciendo Margarita—. Yo creo es de suma importancia inculcar, inducir y fomentar en nuestros hijos los buenos hábitos. Pero, ¿cómo podemos fomentar en nuestros hijos los buenos hábitos?

—El proceso para desarrollar los buenos hábitos es muy fácil y sencillo —dice Andrés—.

Todo lo que tenemos que hacer es inducirlos a que hagan con regularidad y constancia todas las rutinas que se requieren para vivir una vida ordenada. Recuerdo haberle explicado todo esto a Amado hace algún tiempo. Ahora lo que debemos hacer es despertar el interés en ellos, explicarles lo que son los buenos hábitos, y hacer de su conocimiento que así como hay buenos hábitos también existen aquellos que son nocivos y perjudiciales para la salud.

Además, debemos hacerles comprender que deben estar muy alerta, para que no se vayan a equivocar y desarrollen aquellas malas costumbres que sólo traerán consigo malestar en lugar de bienestar. Si logramos hacer que se acostumbren a hacer diariamente, con regularidad, todas sus rutinas, lograríamos por medio de la repetición, desarrollar una costumbre, lo cual formaría el hábito.

Debo mencionar que un buen hábito sigue el mismo proceso de desarrollo que uno malo; por tal motivo, tenemos que estar conscientes de esto y no permitir que vayan a adquirir malos hábitos. Una vez fijado un hábito, bien sea este bueno o malo, será muy difícil deshacerse de él.

Nosotros tenemos la gran responsabilidad de fomentar en ellos los buenos hábitos, así como también ayudarlos a que reconozcan y eliminen los que son indeseables.

Los buenos hábitos, en cierta forma, son más difíciles de adquirir, ya que para adquirirlos hay que hacer uso de nuestra fuerza de voluntad, saber sobreponeros a los sacrificios que tenemos que enfrentar para poder lograrlos, estos sacrificios bien pueden ser físicos o mentales, o ambos.

Cuando tratamos de acostumbrarnos a hacer algo nuevo, tenemos que imponernos ciertas reglas, las cuales tenemos que seguir con constancia, lo cual implica que debemos ser constantes y tenaces; además, tendremos que poner una muy buena porción de fuerza de voluntad, sobre todo en un principio cuando estamos tratando de fomentar la costumbre; esta etapa es la más difícil. Una vez adquirida la costumbre, el hábito está formado. Esto es en lo que concierne a un buen hábito.

Los malos hábitos, son muy fáciles de adquirir; y siendo como es, que la gran mayoría de ellos causan placer y no angustia ni sacrificio, resulta sumamente sencillo acostumbrarse a ellos.

Cuando repetimos con cierta constancia algo que nos agrada, sin darnos cuenta nos estamos acostumbrando a ello, y sin saberlo estamos inconscientemente formando un hábito. La diferencia entre un buen hábito y un mal hábito está en que el primero causa sacrificio y el último placer. Esta diferencia es el motivo principal por el cual es demasiado fácil crear la costumbre del mal hábito, y más difícil crear la costumbre del buen hábito

Ahora que estamos sosteniendo esta conversación llena de muchos buenos deseos, pensamientos, sentimientos e ideas, quiero exponer y hacer de tu conocimiento algo que me ha preocupado mucho por algún tiempo —manifiesta Margarita—. LA PERSONALIDAD Y LA AUTONOMÍA. Estos dos temas hacen que mi preocupación se intensifique más cada día que pasa.

—La personalidad es algo que, aunque en cierta forma ya viene impresa en nuestro ser, se va definiendo durante el proceso de vivir—argumenta Andrés—.

Algunas veces, nosotros como padres no sabemos respetarla, ocasionando que nuestros hijos al llegar a la juventud, se encuentren desorientados sin saber que hacer o qué actitud tomar; esto podría dar cave a que no se sintieran seguros de lo que van a hacer.

En lo que concierne a la autonomía es un paso que, tarde o temprano deben de dar; mi pregunta es, ¿hemos sido conscientes de lo importante que será para ellos cuándo se llegue ése día? ¿Los hemos preparado o, por lo menos les hemos hecho algunas advertencias al respecto? Me estoy refiriendo al día en que tendrán que abandonar el hogar, y manejarse solos para ir en busca de su propio destino.

—Yo creo —dice Margarita—que éste es un aspecto de la educación que debemos tener en cuenta, y hacer lo que nosotros creamos es lo más indicado, lo más correcto para prepararlos a manejar ésta situación ya que, tarde o temprano—como es el caso de todos los jóvenes—deben aprender a asumir la responsabilidad de sus propias vidas.

—Tenemos que recordar que el hogar es el lugar ideal para que el niño crezca y desarrolle sus facultades tanto físicas como mentales, y también, debemos ser consientes en que el día llegará en que tendrán que abandonarlo para formar el suyo propio.

Todo lo que podemos hacer, es darles nuestros consejos y ofrecerles nuestras sugerencias. Todo lo demás está en sus manos, ya que ellos serán los que tendrán que decidir si toman nuestras insinuaciones o no. Hay que esperar a que los problemas aparezcan; al aparecer éstos en sus vidas, tendrán que enfrentarlos y confrontarlos, para lo cual tendrán que buscar en su memoria y tratar de encontrar el camino a seguir; es hasta entonces, y después de saber los resultados que obtuvieron, que nos percataremos si tomaron en cuenta nuestras sugerencias o las desecharon.

Hay que considerar que la respuesta adecuada pudiera encontrarse dentro de ellos mismos, ya que deben llevar almacenados muchos de los consejos que nosotros les estuvimos inculcando a lo largo de su vida; además, cuentan con el material de sus propias experiencias. Como puedes ver, tienen mucho de que echar mano para resolver algunos de los problemas que se les presenten.

En caso de que busquen en su interior y no encuentren una solución satisfactoria tendrán que recurrir a nosotros en busca de ayuda; aunque, en realidad, es poco lo que nosotros podemos hacer al respecto. Fundamentalmente, lo más que podemos hacer es lo que ya hemos hecho con anterioridad, y es señalarles las distintas opciones que tienen, y dejar que ellos escojan la que les sea más favorable. Hay algo más que podemos y debemos hacer: darles confianza y hacerlos sentir que nosotros estaremos siempre cerca brindándoles nuestro apoyo.

—Estoy completamente de acuerdo contigo—dice Margarita—. Esto que ahora me has explicado los hará sentirse más seguros de sí mismos; se sentirán más confiados sabiendo que nosotros estamos ahí, listos para apoyarlos y darles nuestros consejos. Además, tenemos que hacerles comprender que la decisión que tomen tendrá que ser la suya propia, sólo de ellos y de nadie más. Al final de cuentas, los beneficios y perjuicios que reciban será el producto de sus propias decisiones ¿Qué opinas tú de esto, querido?

En nuestra familia todo marcha muy bien. Nosotros hemos estado muy al pendiente de la forma en que crecieron y se desarrollaron nuestros hijos; sobre todo, hemos sido muy cuidadosos en respetar su temperamento y su modo de ser, vigilando siempre que observaren los principios que les enseñamos. Por tal motivo, tengo confianza en que no van a tener mayor dificultad para enfrentar y resolver cualquier situación por difícil que ésta sea.

En lo que respecta a la autoestima, me preocupa, sí, pero sólo un poco, y esto debido principalmente a las malas influencias que existen fuera del seno familiar. En lo que respecta a nosotros, hemos sido suficientemente cuidadosos en la forma en que los corregimos, tratándolos siempre con paciencia y cariño. Yo creo que este solo hecho les dará confianza y podrán comprender que, como individuos, son seres que valen mucho, y al mismo tiempo les ha dado una base firme donde podrán desarrollar una personalidad fuerte y segura que ni un huracán de categoría cinco podrá deshacer.

En cambio hay familias que sí tendrán que enfrentar serios problemas con sus adolescentes, sobre todo aquellas familias que sólo les proporcionaron un ambiente hostil donde el amor y la paciencia brillan por su ausencia; un ambiente así sólo desarrollará el instinto agresivo de maldad, que algunas veces, ya viene incluido en los seres humanos.

Otro problema familiar que se da con cierta frecuencia es que, los cónyuges no se ponen de acuerdo en cómo dirigir a la familia, esto ocasiona un descontrol que causará mucho daño al sistema familiar.

Cuando en una familia uno de los desposados no funciona, y sólo uno asume el papel de ambos, hace todo más difícil y complicado para el adolescente. Los sentimientos de resentimiento se intensifican ocasionando que se sientan desorientados debido a la mala actuación de uno de los pilares que sostienen la estructura familiar. A los jóvenes que atraviesan por esta situación, les falta algo que es muy esencial para su desarrollo normal: El papá y la mamá unidos, trabajando juntos, creando el ambiente apropiado para su desarrollo

En un hogar que no hay unión ni amor ni confianza, es casi imposible para el adolescente encontrar el camino correcto; por lo que, muchas de las veces se desvía, lo que le causará algunos trastornos que difícilmente puede superar. En todas las familias es muy importante que tanto el padre como la madre se encuentren presentes y unidos, para que puedan dirigir a los hijos brindándoles el apoyo y orientación necesarios.

Un niño, al pasar de la niñez a la juventud, se encuentra con problemas muy serios que experimenta en su modo de pensar y actuar los cuales tendrá que resolver; ésta es la etapa más difícil en el desarrollo de la vida de los seres humanos. En esta etapa cada individuo tendrá que luchar con aquellos problemas mentales adquiridos durante la niñez, y que, por difíciles que sean, tendrán que ser resueltos de la mejor forma posible; este proceso es uno de los factores que influirán en la formación a su carácter.

Todos los problemas psicológicos que inconscientemente adquirimos en la infancia; es en la juventud que hacemos consciencia de ellos, y es cuando sentimos o nos damos cuenta del choque ideológico que existe entre la realidad que se vive en la niñez y la que se vive en la juventud. Cuando somos niños, por lo general somos felices; casi todo lo que necesitamos se nos concede; nuestros padres, hacen todo lo posible por satisfacer nuestros deseos y hacen todo lo permisible para que disfrutemos de la niñez porque saben muy bien que, al irse, JAMAS VOLVERÁ.

En la infancia somos guiados por nuestros padres. La educación da principio en el hogar, donde se nos enseñan los usos y costumbres familiares; durante esta etapa nuestro círculo de acción se reduce al ambiente de familia y los primeros años de escuela. Al llegar a la juventud nuestro círculo de acción aumenta considerablemente. Nuestro modo de pensar sufre algunos cambios; debido a que tenemos más relación con el mundo exterior. Ya no dependemos tanto de nuestros padres ni del sistema familiar impuesto por ellos.

Al estar más en contacto con el mundo fuera de la familia, conocemos otras personas y otras formas de vivir, actuar y pensar, por lo que empezamos a reflexionar y a tomar más en serio la forma de coexistir en este planeta donde hay tantas y tan variadas ideologías; todos estos factores son los que influyen y causan un choque el cual da origen a un desequilibrio emocional; este es uno de los motivos que hacen que el paso de la niñez a la juventud sea no sólo difícil, sino problemático.

También debemos considerar que hay mucha diferencia en las formas de reaccionar de un adolescente, según se trate del género masculino o femenino.

Cuando un adolescente varón siente la necesidad de salir a enfrentarse con el mundo que lo rodea, en busca de su propio destino, y quiere hacerlo, pero no puede, ¿sabes qué es lo que origina este problema? —Pregunta Andrés— ¡NO! . . . . No tengo la menor idea, —contesta Margarita—. ¿Podrías tú explicarme el origen de éste, que es lo que lo ocasiona y en qué forma se puede corregir?

—Bueno, mi amor, yo no soy ningún experto en la materia, pero creo saber qué es lo que origina esta complicación.

Cuando un adolescente varón quiere salir a buscar su destino en este mundo y no puede, es que le falta algo: la imagen de una personalidad, siente la necesidad de alguien que lo guíe, alguien a quien imitar que le sirva de modelo. En esta etapa de la vida de un joven se le hace sumamente necesaria la presencia del padre o de un hombre que funja como tal.

La falta del padre, sin importar la razón de su ausencia, bien sea que el haya abandonado el hogar por algún motivo personal, o que se trate de uno de esos padres eclipsados que nunca se incorporan de lleno a la vida familiar; de cualquier forma, esto origina un desequilibrio dentro de la familia que el niño tiene que enfrentar al llegar a la juventud

Al no haber una figura paternal en casa, o alguien que lo represente y desempeñe el papel que le corresponde, habrá el vacío, la falta de autoridad de alguien que tome decisiones e imponga la autoridad firme, pero moderada que sirva de modelo a la familia; al mismo tiempo, hará falta esa figura respetuosa, amable y cariñosa a la cual pueda imitar.

En un caso como éste, los varones, principalmente, son los más afectados. La falta del padre causa un hueco mental enorme en el adolescente que no lo deja crecer, y es un obstáculo en el desarrollo de su personalidad, esto ocasiona que tratará de ser un hombre independiente, aun sabiendo que es un niño, un adolescente.

Cuando se trata de una niña, la situación es semejante a la del niño, aunque hay algunas variantes. Si bien ambos carecen de la falta del padre, en el caso de la niña, la madre puede llenar ese hueco, ya que ella ve a su madre como una figura protectora, aunque en algunas ocasiones no sea así. Aquí lo importante es que la joven adolescente, al no tener el modelo del padre, lo tiene que reemplazar con el de la madre, lo que hace que en su juventud inconscientemente trate de imitarla; por tal motivo, el desequilibrio mental no será tan marcado, si es que lo hay.

Otro problema que las niñas tienen que enfrentar en el caso de no-padre es que ellas se sienten abandonadas por él, y por ende, les es sumamente difícil aceptar esta carencia, lo cual da origen a un resentimiento fuerte y profundo en contra de la figura paternal. Tienen que luchar y sobreponerse a este sentimiento que tanto mal les causa: de no poder o no querer conscientemente perdonar la falta del padre.

En muchas ocasiones, y casi podría asegurar que las más de las veces, es muy difícil y les toma mucho tiempo adaptarse y aceptar y perdonar la falta de ese ser que tanto añoran y desean, a ese alguien en quien puedan confiar, a quien puedan amar y respetar.

Cuando consiguen sobreponerse a su sentimiento y aceptan perdonar la falta del padre, podrán salir de ese indeseable modo de vivir y lograrán realizarse y continuar con su crecimiento; en el caso contrario, por lo general, tienen que librar una lucha interna que podría durar toda la vida, y que algunas veces termina con el odio y el rencor anidados es su interior en contra de la figura paterna. Por eso es que una joven que llega al matrimonio en estas condiciones, y forma su propia familia; podría seguir con ese resentimiento interno, sentiría una incapacidad para amar, y al no sentir respeto ni admiración y mucho menos amor por su conyugue le sería muy difícil alcanza la felicidad plena.

Hay algunos jóvenes que, al no ver una personalidad definida y fija en los padres, se sienten desorientados, no saben por dónde ir o qué camino tomar; esto, naturalmente, también ocasiona un desequilibrio mental en ellos. Muchas de las veces tal situación los hace fijar su atención en alguna otra persona o familiar que les pueda servir como modelo y como ejemplo.

Quiero abrir un paréntesis en el tema para mencionar algo que yo creo que es de suma importancia. —Continúa Andrés—. Por lo general, nunca lo tomamos en cuenta, y si acaso lo hacemos, es en una forma ligera y superficial; me refiero al papel tan importante que desempeña la MUJER, tanto en la formación estructural de la FAMILIA, como en el buen funcionamiento de ésta; porque, si bien el padre es considerado EL JEFE, LA CABEZA Y EL PILAR PRINCIPAL que sostiene la estructura

DESAFIANDO AL FUTURO

familiar tradicional, es la madre la que plasma en los hijos los conocimientos iniciales de la vida.

Desde el momento de la concepción, ella es la que, sin lugar a duda, tiene en sus manos esa nueva vida que apenas comienza, y es ella la que desde el arribo de ese nuevo ser, con amor y ternura lo induce a conocer su nuevo entorno; enseñándole cómo alimentarse fuera del vientre maternal. Además, es ella la que en los primeros meses de vida del recién nacido, prodiga las enseñanzas básicas para su desarrollo; sin la madre sería casi imposible existir; por tal motivo, la mujer, al desempeñar su papel de MADRE, debe ocupar un lugar privilegiado en la sociedad humana.

Te he mencionado lo antes dicho no porque concierna a nosotros o a nuestra familia, sino porque yo creo que esto es uno de los más grandes males que acongojan a nuestra sociedad. Si lográramos en alguna forma hacer que la sociedad se convenza de la importancia que tiene la mujer en la formación y buen funcionamiento de la familia, y lográramos hacer conciencia en las madres para que dignifique el ejercicio de su papel con amor y ternura, haciendo a un lado la conveniencia propia, las cosas podrían cambiar radicalmente.

Desde luego que hay que tomar en cuenta que, si bien la gran mayoría de las mujeres son nobles y justas, y tienen un gran sentido de responsabilidad, también las hay que son deshonestas y llevan consigo mucha maldad dentro de sí, lo que las hace malas e injustas. Esta clase de mujeres son muy pocas, pero de que las hay, las hay.

—Mi amor—dice Margarita—¿te das cuenta de la hora que es?

—A decir verdad, no lo sé. No tengo ni la menor idea de qué hora pueda ser—. El tiempo se ha ido sin sentir. Lo que sí sé es que hemos pasado largas horas en nuestra conversación, lo cual valió la pena. Yo creo que hemos obtenido bastante provecho de ella. Por ahora, lo mejor será dormir y aprovechar las pocas horas que quedan antes de que amanezca y dé principio el nuevo día.

—Recuerda, los niños no van a la escuela así que nosotros podremos dormir un poco más tarde. Si los niños se despiertan como de costumbre, que lo dudo, Catita los atenderá. Despreocupémonos y tratemos de dormir lo más que podamos.

Tenemos que hacer planes para las vacaciones. Estoy pensando en que salgamos lo más pronto posible, en unos días, tan luego como termine los asuntos que tengo pendientes. Así que, buenas noches y hasta mañana. Diciendo esto, Andrés voltea ligeramente la cabeza hacia su esposa, besándola tiernamente. Margarita se voltea hacia él para contestar el beso que su esposo le diera y con esto dar principio a los cortejos y caricias que por lo general acostumbran hacer por las noches antes de dormir.

A la mañana siguiente, después de haber pasado lo más de la noche conversando, han dormido unas cuantas horas, lo que ocasiona que se sientan desvelados, soñolientos, cansados y con ganas de seguir un poco más en el lecho, aunque ya sean casi las nueve de la mañana. Aun queriendo, no podrán estar más tiempo en la cama.

Margarita tendrá que organizar los quehaceres de la casa, así como también atender a la familia y tratar de ayudar a sus hijos a resolver los problemas en los cuales se vean involucrados durante el día. Andrés, por su parte, tiene mucho trabajo por delante; tendrá que asegurarse que no quede ningún asunto pendiente en su oficina, con el fin de evitar que esto le fuera a ocasionar algún contratiempo que pudiera causar la interrupción de sus vacaciones.

Con el fin de que esto no vaya a suceder, tratará de hacer todo lo posible para que en el transcurso de los ocho días que durarán las vacaciones no haya nada que le impida gozar de ellas. Por tal motivo, tanto él como su esposa, tienen que trabajar arduamente para que todo quede en orden y sin problemas.

LAS VACACIONES

POR FIN LLEGÓ el momento: la familia Cortazon, todos juntos y unidos trabajan diligentemente haciendo los preparativos para salir y disfrutar de sus esperadas vacaciones.

Margarita se encuentra muy ocupada tratando de acomodar en las maletas la ropa de toda la familia, así como también, a todos aquellos artículos que ella cree serán los más importantes y necesarios para el viaje, aunque éste, al parecer, va a ser más corto de lo que ella esperaba. De todos modos, sabe muy bien que en un viaje, por corto que sea, hay muchos menesteres que se hacen indispensables y que la familia no puede prescindir de ellos. Será necesario llevar todo aquello que se pudiera requerir.

Margarita no puede avanzar tan rápido como ella quisiera; a cada momento se ve interrumpida por alguno de los pequeños, que después de haber buscado y hurgado todos los rincones de la casa por algún juguete de su preferencia, sin encontrarlo, tienen que recurrir a su mamá en busca de su ayuda, y ver si ella les puede dar una idea de dónde hallarlo.

Con todos estos problemitas, y los que propician los niños al quejarse y acusarse mutuamente entre sí de algo que hicieron o no, mantienen a Margarita ocupada tratando de allanar sus dificultades; esto, como es natural, la hace perder mucho tiempo, retrasándola en su tarea.

Andrés se ocupa haciendo una revisión minuciosa del auto. El lugar a donde tienen pensado ir no está muy lejos; serán sólo tres o tres y media horas de conducir. De cualquier modo, a Andrés le gusta cerciorarse de que todo esté bien y en buenas condiciones; por tal motivo, revisa cautelosamente todo el cableado, ve que todos los tornillos se encuentren en buen estado y sujetando correctamente las partes que tiene que sujetar; con un pequeño jalón se cerciora de que las bandas se encuentren en su lugar y suficientemente apretadas; también echa un vistazo a las tuercas que sujetan las cuatro ruedas; al mismo tiempo revisa la presión del aire en las llantas, incluyendo la llanta de refacción.

Una vez terminada su tarea de revisión del auto, se dirige hacia el interior de su casa y pregunta a su esposa: ¿Cómo van las cosas, querida? ¿Has encontrado lugar para todo? Yo recién he terminado con la revisión del auto, y para mí, todo lo concerniente al vehículo está listo. Sólo espero que tú termines de empacar para llevar el equipaje y tratar de darle acomodo en el maletero. Después de esto, lo único que tengo que hacer es parar en la primera estación de gasolina para llenar el tanque. De ahí hasta la playa y disfrutar de tan esperadas vacaciones.

Qué bueno, mi amor. Yo estaré terminando de empacar en unos minutos; si crees pertinente, puedes empezar por llevarte las maletas que ya están cerradas. ¡Ah! Pero primero, ¿podrías hacerme el favor de ir a ver cómo se encuentran tus hijos?

Desde luego que sí, querida; sólo quiero decirte que se está haciendo ligeramente tarde, que debemos apurarnos para salir lo antes posible. Voy a cerciorarme de que los chicos estén bien y tendré que traerlos a que me ayuden con algunas cosas y empezar a subirlas al auto.

¡Niños! ¿Cómo se han portado? Espero que bien. Es hora de partir. Vengan, necesito su ayuda para traer todo el equipaje y subir lo que más podamos a la cajuela. Su mamá está por terminar.

Amado, tú ven conmigo, vamos a buscar las maletas que tu mamá ya terminó. Amariza, cerciórate de que a Justito no le falte nada. Nosotros vamos a traer todo el equipaje que ya esté listo para tratar de darle acomodo. A ver cómo me va para encontrar lugar y acomodar tantas cosas en tan poco espacio; tal parece que nos estuviéramos mudando de casa.

DESAFIANDO AL FUTURO

Bueno, hijo. Ahora que ya trasladamos casi todo cerca del auto; lo importante es dar acomodo a todas estas maletas dentro del maletero, lo cual va a ser un poco difícil, y habrá que hacerlo de la mejor forma posible, además, hay que reservar algún espacio para lo que le falte de empacar a tu mamá. Después de trabajar arduamente, luchar con todas sus fuerzas y de mucho sudar, por fin, logra dar acomodo a lo que tenían junto al auto. Sólo faltan las pocas cosas que le habían quedado pendientes a Margarita.

Con pasos firmes, largos y rápidos, Andrés se dirige hacia donde se encuentra su esposa. Con una sonrisa dibujada en su rostro en señal de satisfacción, llega y se para justo frente a ella, sin decir palabra alguna. Margarita voltea, lo ve, nota la mirada inquisitiva de su esposo, y sin dar tiempo a que éste haga preguntas, le dice: Has llegado justamente en el momento en que terminé de empacar todo. Como ves, es muy poco lo que falta por llevar. ¿Quieres que te ayude a llevar algunas de estas cosas al auto?

—Desde luego que no, mi amor. Amado y yo nos encargaremos de eso—.

Así, después de un pequeño forcejeo con el equipaje restante, y habiendo sudado un poco más, por fin, con una exhalación salida de su interior, demuestra su satisfacción por haber terminado tan ardua tarea.

Dar acomodo a tanto equipaje en un espacio tan reducido no es trabajo muy fácil. Al ver que sus hijos se encuentran observándolo con cierta curiosidad, dice: ¡Vamos, hijos! Es tiempo de partir; todo se encuentra bien acomodado; ahora, lo que tenemos que hacer es tomar nuestros lugares en el auto y salir rumbo a la playa. Amado, ve en busca te tu mama y dile que ya estamos todos listos, sólo falta ella. ¡Que se apure! . . . . Se está haciendo demasiado tarde. En lo que tú vas a traerla, yo pondré en marcha el auto y estaré al pendiente de que tus hermanitos se pongan cómodos.

Sorprendentemente, apenas termina de hablar Andrés, cuando hace su aparición Margarita; apresuradamente se dirige hasta donde se encuentra su esposo y le dice: Querido, dime dónde pongo esto; son varias cosas que me pasaron desapercibidas y no las puse dentro de las maletas; son cosas de uso diario que vamos a necesitar y que tendremos que buscarles acomodo. Debe haber por ahí algún huequito disponible donde podamos colocarlas.

—Bueno—dice Andrés—si quieres, déjame que yo busque acomodo a lo que falta. ¿Puedes tú cerciorarte de que la casa quede bien asegurada?

—Desde luego que sí, querido; en un instante regreso—. Espero tengas éxito en tu búsqueda de ese pequeño espacio. Son cositas que muy bien podríamos llevar de mano dentro del auto.

—No te preocupes. Yo encontraré la forma de darle acomodo a todo aunque tenga que colocar algunos objetos dentro del auto, como tú dices, y tengamos que hacer el viaje un poco incómodo.

Al regresar al auto, después de haber revisado toda la casa y cerciorarse de que ventanas y puertas estaban bien aseguradas, Margarita se encuentra con la agradable sorpresa de que todo está listo para partir.

—Mi amor, encontré el espacio que buscaba; los chicos están en sus respectivos asientos y el auto en marcha; así que, sube y acomódate, que yo haré lo mismo.

Todo lo que Andrés tiene que hacer es tomar su asiento frente al volante y conducir directamente a la estación de gasolina, no a la más cercana, sino más bien a la que quede en la dirección correcta para no tener que desviarse del rumbo que tiene que seguir. Al llegar a la gasolinera, llena el tanque de combustible y sale directamente rumbo a la playa, o más bien dicho, se tendrá que dirigir a la autopista que lo conducirá al lugar de su destino: la playa.

En el trayecto de la estación de gasolina a la autopista, las preguntas empiezan a surgir. Amado pregunta: Papá, ya vamos rumbo a la playa y todavía no nos dices a qué hotel vamos a llegar. ¿Cuál es el lugar y playa que has seleccionado? Bueno, esto es si se pueda saber.

DESAFIANDO AL FUTURO

Tú sabes muy bien que esto debió haberse hecho del conocimiento de todos ustedes, ya que somos una familia que siempre nos ponemos de acuerdo en lo que vamos a hacer; sólo que en esta ocasión no lo hice debido a que hubo un mal entendido entre tu mamá y yo desde el principio, cuando tratábamos de seleccionar el lugar que fuera el más conveniente, el que ustedes pudieran disfrutar mejor, y nosotros tener el conocimiento de que el lugar fuera lo suficientemente seguro.

Después de cambiar ideas, llegamos a la conclusión de que este lugar, que es el que ambos seleccionamos, sería el mejor. Yo pensé que ella se los comunicaría; a ella le sucedió lo mismo; pensó que yo sería el encargado de decírselos. Bueno, nos confundimos, hubo un mal entendido entre nosotros y ninguno de los dos lo hicimos. Disculpen, hijos, esto no fue hecho con mala intención. Estaré muy al pendiente para que esto no vuelva a ocurrir.

La reservación está hecha en el hotel Costa Caribe, que se encuentra ubicado en una pequeña bahía con una playa muy hermosa de oleaje sumamente suave, y al parecer es un lugar tranquilo y encantador. Ya verán, les va a fascinar. Según me han informado, es un lugar pequeño, pero seguro, en el que reina la paz y la tranquilidad. Espero que tengamos unas vacaciones que todos podamos disfrutar, y sobre todo, encontrar la calma necesaria para poder descansar, que es lo que todos necesitamos y deseamos.

Con el tanque lleno de combustible, su mente libre de preocupaciones después de haber dado contestación a la pregunta de Amado, y con la mira puesta en el lugar a donde se dirigen, todo lo que Andrés tiene que hacer al llegar a la autopista es reacomodarse en su asiento hasta encontrar la posición más cómoda frente del volante, para ir directamente a su lugar de destino.

Me han dicho que esta playa a la que vamos es excepcionalmente bella, y que en sus aguas, además de ser muy tranquilas, se pueden admirar diferentes tonos de azul y verde; que con la luz del sol al amanecer de cada nuevo día, los matices son extraordinariamente hermosos. Además, me dicen que el amanecer y el atardecer son algo increíblemente espectacular, lo cual hace este lugar sumamente atractivo.

Ojalá y todo esto que te han dicho sea verdad. A mí lo que más me interesa es que sea un lugar en el que no haya peligros eminentes para que nuestros hijos puedan jugar y divertirse sanamente. Si el lugar tiene todo eso de las que te han hablado, lo más probable es que disfrutaremos plenamente nuestra estancia en este lugar sin ningún contratiempo.

Después de conducir algún tiempo, llegan a una zona boscosa donde abundan los pinos que crean una atmósfera donde el aire que se respira se siente limpio y puro, causando una sensación de confort y frescura. Una vez atravesada la zona montañosa, en los que han admirado paisajes llenos de encanto, empiezan el descenso hacia el valle con vastas llanuras, en los que se pueden admirar la campiña que les brinda un panorama imponente, sobresaliendo los grandes sembradíos entre los que destacan los de maíz y fríjol. Además hay huertos cultivados de hortalizas con verduras y legumbres.

Se ven por ahí algunos campesinos trabajando afanosamente, labrando las tierras, aguijoneando la yunta de bueyes para que sigan jalando el arado; otros disfrutan del hermoso panorama que les brinda la naturaleza, tal vez haciendo planes para el futuro; además, se pueden observar a dos o tres por ahí sentados que por sus ademanes nos hacen pensar se encuentran muy entretenidos, al parecer, sosteniendo una amena conversación.

El paisaje se hace más interesante para los chicos cuando, al pasar por las aldeas, pueden admirar las viviendas de los lugareños, que aunque pequeñas, son muy coloridas debido a las diferentes plantas y flores que crecen a su alrededor.

Lo que se les ha hecho aún más interesante es que en los terrenos aledaños se pueden admirar toda clase de animales domésticos: vacas, cerdos, gallinas, algunos burros y sin faltar los caballos, que es lo que más admiración les cusa. Todo esto ha causado una gran sensación de alegría en los chicos, ya que jamás en sus cortas vidas habían tenido la oportunidad de observar todas estas maravillas, que hasta ahora habían sido desconocidas para ellos.

Amariza, con sus ojos desmesuradamente abiertos, tan abiertos que tal parece fueran a saltar fuera de las órbitas, dice: ¡Mira!, ¡miren! Papá, Mamá ¿Han visto la vaca con su pequeña cría, y la gallina con sus polluelos? Todo esto es tan hermoso que a mí me ha fascinado. Amado, sin dar tiempo a que sus padres contesten, se apresura a hablar: —Sí, Amariza, lo hemos visto todo y esto es maravilloso, tal parece que estuviéramos soñando—.

—Si, hijos—. Una vez saliendo de la gran ciudad, todo es más bonito. El aire que se respira es más limpio y sano; podemos observar la naturaleza en toda su magnitud; podemos sentir el viento que nos acaricia y nos da una sensación de placer. A mí me parece que cuando salgo al campo, la naturaleza abre sus puertas para mostrar su magnificencia y llenar nuestras vidas de alegría, paz y tranquilidad.

Por allá se empiezan a ver las palmeras—dice Amariza dirigiéndose a su hermano mayor—. ¿Las puedes ver, Amado? —Sí, claro que las veo—. Mira, por allá se ven algunas casas. ¿Es éste el lugar al que vamos a llegar papá? Si, hijos cálmense, tengan paciencia sólo nos faltan unos cuantos minutos para llegar. Les prometo que en cuanto nos acomodemos en nuestra habitación, lo primero que haremos será ir a ver la playa y sus alrededores, así como también, veremos las albercas y todas las demás facilidades con las que cuenta el Hotel. Después los llevaré a conocer la ciudad o por lo menos la calle principal.

Pasan algunos minutos; todos guardan silencio; tan sólo se dedican a observar las calles que se encuentran en muy buen estado, con una pavimentación casi perfecta. En lo que han recorrido no se han encontrado con un solo bache. Además, se han concentrado en admirar las hermosas residencias que, adornadas con bellos jardines lucen esplendorosas.

Son pasadas las doce del medio día. Andrés, hablando en voz bastante alta como para que todos lo escuchen, dice: Nos ha tomado un poco más de cuatro horas llegar, pero al fin, aunque cansados, ya estamos aquí. Hemos llegado a nuestro destino final.

¡Miren! Ese letrero que está ahí frente a nosotros y el edificio pertenecen al hotel. Al decir esto empieza a girar hacia la izquierda muy cautelosamente. Atraviesa la calle y entra al espacio reservado para los autos de los huéspedes, desde donde podrán pasar a registrarse sin ningún contratiempo. Una vez registrados, el maletero, recogerá el equipaje y los conducirá a sus habitaciones.

Al llegar a la habitación, después de un corto recorrido, los chicos se apresuran a deshacerse de los objetos que han traído consigo desde el auto hasta la habitación. ¡Apúrate, mamá! —dice Amado—. Queremos ir a conocer todo Recuerda: ésta es la primera vez que venimos a este Hotel y queremos saber dónde se encuentra la alberca, la playa y todas las demás diversiones que pueda haber en este lugar.

Tengan paciencia hijos. Sólo tomará unos cuantos minutos para que tu papá y yo pongamos todas las cosas en su lugar; una vez terminada esta tarea, estaremos listos para dar un recorrido por el hotel y saber dónde se encuentra todo.

Uno de los lugares que más nos debe interesar, y creo que va a ser el favorito de todos nosotros, es el comedor. Todos debemos estar con un buen apetito después de tan largo viaje. Bueno, eso opino yo; ustedes ¿qué opinan? Yo, al igual que tú, creo que deberíamos ir a comer algo. Sí, sí, vamos a comer aunque sea un taco o una hamburguesa—replica Amariza—. ¿Y tú qué quieres? —dice Margarita dirigiéndose a Justito—. M . . . Yo solo quiero comer, no importa lo que sea.

DESAFIANDO AL FUTURO

Todo está listo, hijos, he terminado lo que tenía que hacer. Esto es en lo que a mí corresponde. Tú, querida ¿Terminaste con la parte que te corresponde? Desde luego que no, todavía me quedan algunas cosas por acomodar. Ténganme paciencia, no tardaré mucho. Yo también estoy con bastante apetito. Una vez que ponga todo en su lugar, dirigiéndose a su familia dice: estaré lista en un minutito más, y dispuesta para devorar un suculento platillo de mariscos bien preparado o bien un guachinango que esté bien doradito.

Pasan sólo unos cuantos minutos, tal como Margarita lo advirtiera, cuando finalmente dice, para alegría de todos: He terminado. Ahora sí podemos ir a donde ustedes quieran. ¿Tú Qué dices, mi amor? ¿A dónde quieres que vayamos primero? —Para ser sincero, yo quisiera pasar al comedor antes de hacer cualquier otra cosa.

Con el tiempo que pasamos en la recepción registrándonos, y lo que duramos en llegar a la habitación, más lo que demoramos en acomodar las cosas, todos debemos estar con la necesidad de comer. Yo creo que si damos algo que morder a nuestra boca con lo cual saciar nuestro apetito todos nos sentiríamos mejor y podremos disfrutar más de ese recorrido de reconocimiento que queremos hacer.

Llegamos pasadas las doce del día, y ya van a ser la tres de la tarde. Lo mejor es ir al comedor; hay que recordar aquel dicho que dice: "Panza llena, corazón contento" ¿Ustedes qué opinan, hijos? Sí, sí, contestan los chicos. Vamos a comer, dicen los tres casi a la misa voz. Bueno, como la mayoría estamos por ir al restaurante primero, iremos directamente a tomar algún alimento. Ya ahí hablaremos sobre los planes para el resto del día.

Después de una suculenta comida, que todos disfrutaron al máximo, aun Justito, que es el que más pretextos pone cuando se trata de comer, esta vez lo ha hecho sin poner excusas ni defectos. Se comió todo tal y como se le había servido. Ahora, todos ya satisfechos, se dirigen hacia donde los chicos han estado insistiendo en conocer, esto es: la playa y las albercas. Apenas salen del edificio, lo primero que aparece frente a ellos son las piscinas y chapoteaderos. En realidad, si se hubieran dado cuenta de lo cerca que están las albercas del restaurante habrían buscado asientos al lado de los grandes ventanales, desde donde se les habría facilitado el verlas.

Es sumamente conveniente que las albercas se encuentran a sólo unos cuantos metros de la salida posterior del edificio. Esto facilita a los chicos, y a todos los huéspedes, descubrirlas de inmediato; además, con tantos gritos y algarabía que forman las personas ahí reunidas, es casi imposible pasar por el lugar sin darse cuenta de lo que ahí ocurre. Es mucha la alegría, mucho el alboroto y son numerosas las personas que se encuentran disfrutando de ellas, gozando no sólo de las refrescantes aguas que las piscinas les brindan, sino también de la hermosa tarde que el astro rey les ofrece iluminando y calentando el panorama con sus incandescentes rayos.

Toda el área donde se encuentran está bellamente decorada; docenas de palmeras esbeltas se elevan hasta donde el viento parece jugar con sus penachos; arbustos llenos de flores abundan por doquiera, malvas y geranios, junto con una gran variedad de flores de distintas clases que adornan los extensos jardines. Todo esto convierte a esta zona en un lugar paradisíaco; el solo hecho de ver y admirar tanta belleza hace que el espíritu se llene de gozo. Los niños, a quienes por lo general en esta edad les interesa el juego y la diversión, ahora se encuentran anonadados, observando la magnificencia de este lugar, con lo cual jamás habían soñado.

Papá, ¿nos dejas ir por nuestros trajes de baño? —pregunta Amado a nombre de él y sus hermanitos—. No, hijo, tenemos que ir en grupo a dar un recorrido por la playa y ver si ésta es suficientemente segura; saber si hay salvavidas y dónde se encuentra la caseta de vigilancia; además, tenemos que investigar qué otras facilidades hay.

Como ven, todas estas cosas son necesarias para, en caso de emergencia, saber a dónde ir y qué hacer. Una vez que hagamos todo esto, iremos directamente a nuestra habitación, donde podrán recoger todos los juguetes, trajes de baño, toallas y, en fin, todo lo que puedan necesitar para que mejor disfruten, bien sea la playa o la alberca, cualquiera que sea su decisión.

Todos felices y contentos dirigen sus pasos hacia la playa. Lo que más les interesa a los esposos Cortazon es saber dónde se encuentran los puestos de auxilio, saber si hay salvavidas y dónde se localizan, así como también investigar qué tan fuerte es el oleaje, y qué tan lejos se puede ir mar adentro caminando. Estos son detalles muy importantes para ellos, ya que la seguridad de sus hijos es lo que más les importa.

Después de un ligero recorrido por el lugar, y darse cuenta que es lo suficiente seguro deciden regresar a la habitación; esto, debido a la insistencia de los chicos de regresar a traer sus trajes de baño.

En el camino de regreso Andrés pregunta: ¿Qué te parece mi amor? ¿Crees que el lugar esté lo suficientemente resguardado? Tenemos bastante tiempo para disfrutarlo, y no quiero convertir este nuestro primer día de estancia en este lugar en una tragedia. —Creo que es lo suficientemente seguro como para no tener que preocuparnos demasiado; aunque, te diré, nuestra obligación sigue siendo la misma; tenemos que estar muy al pendiente para que no vaya a pasar algo que después tendríamos que lamentar.

—Muy bien dicho, querida—. Tu contestación ha sido perfecta. Siempre te he admirado porque he captado que estás al pendiente de todo, y tal parece que tienes la respuesta correcta para todo acontecimiento, sin importar de lo que se trate.

Una vez hecho el recorrido, regresan directamente a la habitación donde cambian de indumentaria y obtienen todas las cosas que pudieran necesitar. Habiendo hecho esto, la familia completa sale del edificio. Estando todos ahí reunidos, cada quien da su opinión acerca de a qué lugar ir primero. Los chicos, después de muchos gritos y alegatos, aunados a los consejos de los padres, por fin logran ponerse de acuerdo y deciden ir a la alberca que está a unos cuantos metros.

Andrés y Margarita, como es natural, se encuentran satisfechos de que los niños hubiesen llegado a un acuerdo sin la intervención directa de ellos. En algunas ocasiones habían tenido que hacer cierta labor de convencimiento con el más testarudo, que por lo general era Justito, quien aprovechándose de ser el más pequeño, hacía valer su derecho indiscutible a esta situación y siempre quiere ser complacido en todo; de no ser así, hacía sus berrinches hasta que le cumplieran sus deseos. Por esta vez había hecho una excepción y se había comportado como todo un caballerito, habiendo accedido a los deseos de sus dos hermanitos mayores, por lo cual sus papás se sentían muy orgullosos.

Al llegar a donde se encuentran la alberca y el chapoteadero y dejar a sus hijos, los esposos Cortazon buscan un espacio que esté cerca y con buena visibilidad, donde no haya obstáculos que puedan obstruir la vista, y así estar al pendiente de sus retoños. Además, el lugar que buscan deberá encontrarse con sombra, ya que el astro rey a esta hora del día es sumamente intenso.

Ellos, al parecer, son alérgicos al sol, especialmente en las horas de la tarde. Una zona que reúna todos los requisitos que desean va a ser difícil de encontrar debido a que el lugar se encuentra completamente lleno de bañistas; no obstante, se lanzan en busca del espacio deseado, no porque así lo quieran, sino porque así es como lo necesitan. Dan pasitos por aquí, pasitos por allá, viendo a su alrededor, tratando de encontrar ese lugar que les permita cumplir con su cometido.

Después de buscar en vano cerca de la piscina, deciden concentrar su búsqueda un poco más retirado; ya no lo quieren todo con sombra, pero sí, por lo menos parcialmente sombreado. Después de un recorrido con la mirada por los espacios más retirados de la piscina, Margarita, que tiene la mirada más intensa y clara, ve lo que al parecer son camastros que se encuentran cerca de unas palmeras y, según parece, se encuentran desocupados.

DESAFIANDO AL FUTURO

Mi amor—dice Margarita, dirigiéndose a su esposo—, aquellos dos camastros que se encuentran junto a las dos palmeras pequeñas son los que están más cerca. ¿Quieres que vayamos a ocuparlos? —Desde luego que sí, mi amor; solo tendremos que cerciorarnos de que no haya ningún objeto que indique que esos lugares estén ocupados; o bien preguntar a las personas cercanas si esos asientos se encuentran disponibles.

Habiendo comprobado la disponibilidad de los camastros, pasan a ocuparlos. Ya cómodamente en sus respectivos lugares, y después de una pequeña plática, Andrés, que ha estado luchando por mantener los ojos abiertos, no puede más, y finalmente es vencido por el sueño, quedándose dormido por un largo tiempo.

Lógicamente, después de tanto ajetreo: arrimar las maletas al carro, subirlas y acomodarlas. Darles acomodo dentro del maletero fue la gran tarea. Si a todo esto agregamos conducir el auto por tan largo periodo de tiempo sin hacer ninguna parada para descansar, es natural que Andrés se encuentre sumamente cansado; además, si tomamos en cuenta la suculenta comida que acabara de disfrutar, es casi imposible que pudiera permanecer despierto por mucho tiempo. Así que Andrés sin darse cuenta, de pronto, se queda profundamente dormido.

Margarita, sin embargo, se mantiene firme en la vigilancia de sus pequeños, que disfrutan al máximo el agua cristalina y el sol radiante de esta época del año, así como también la suave y refrescante brisa del mar.

Después de una larga siesta, que duró aproximadamente una hora, Andrés despierta, estirándose con mucha energía y bostezando ligeramente, como tratando de salir de su letargo.

Al sentirse consciente y bien despabilado, lo primero que dice a su esposa es: ¿Querida, como están los niños, dónde están, cómo se encuentran? —Todo está bien y bajo control, mi amor; se encuentran felices jugando por ahí por la alberca, he estado muy al pendiente de ellos, aunque, para decir verdad, hubo algunas veces que el sueño casi me dominó, pero, al final de cuentas, yo salí victoriosa y no despegué mi vista de ellos ni por un instante; así que todo está bien, mi amor, tal como lo dejaste antes de que te quedaras dormido—.

Faltan por lo menos un par de horas para ver finalizar este atardecer. El astro rey desaparecerá del firmamento trayendo tras de sí la oscuridad de la noche; esta oscuridad sólo durará hasta que la luna haga su aparición, y es entonces cuando podremos disfrutar una de esas noches cálidas, tranquilas y serenas donde la luz de la luna, reflejándose en las aguas del mar, nos dará un espectáculo extraordinariamente encantador, lleno de romanticismo, amor, paz y tranquilidad.

Margarita, al escuchar la forma tan hermosa y elocuente en la que su esposo expresa sus sentimientos, queda sumamente complacida y rebosante de alegría. Como siempre, termina adulándolo, haciendo de su conocimiento lo mucho que estima su comportamiento y modo de ser.

Yo creo que estos niños no van a parar de divertirse hasta el anochecer, a menos que sientan apetito; entonces sí vendrán corriendo a buscarnos para pedirnos que los llevemos al comedor; así que si quieres tomar un descanso, relájate y duérmete, que yo estaré al pendiente de nuestros pequeñuelos y atenderé sus necesidades; al mismo tiempo tendré mucho cuidado que no les pase nada.

—Gracias, mi amor—. Sé de tus buenas intenciones, pero yo prefiero estar disfrutando de tu compañía durante todos estos días que vamos a pasar en este hermosísimo lugar. Ya tú sabes que, por razones obvias, nos es sumamente difícil estar juntos durante el día cuando estamos en casa; así que, si no te importa, yo estaré más contenta escuchando tus pláticas que se me hacen, además de interesantes, muy instructivas; por lo general siempre aprendo algo nuevo de ellas.

Bueno, querida quiero darte las gracias por lo que acabas de mencionar, y al mismo tiempo quiero que sepas que yo, al igual que tú, disfruto mucho de tu compañía por eso, ahora que estamos fuera de casa en un lugar casi perfecto como éste, donde los niños van a pasar lo más del tiempo entretenidos divirtiéndose, lo mejor es que nosotros disfrutemos mutuamente de nuestra compañía. Así que acércate; mejor aún, voy a arrimar mi camastro junto al tuyo para poder estar lo más cerca posible, decirnos todo lo que tengamos que decirnos, y lo mucho que nos amamos.

Quiero platicarte una pequeña historia, dice Andrés. Se trata de un amigo que conocí hace algunos años, antes de conocerte a ti. De él aprendí muchas cosas que me han sido útiles, tomar sus experiencias como ejemplo me ha ayudado infinitamente.

Este individuo, aunque no muy culto, sí tenía mucho conocimiento de la vida; ese conocimiento que se adquiere cuando se va caminando por ella con la mente abierta, siempre dispuesto a aprender todas aquellas lecciones que el vivir enseña.

Cuando lo conocí, al verlo y escuchar sus pláticas por primera vez, comprendí que era una persona madura, llena de sabiduría; había aprendido muchas de las lecciones que la vida le había dado. Esas lecciones que sólo se aprenden y se asimilan cuando se tiene el deseo de sacar el mejor provecho de las circunstancias, cualesquiera que éstas sean.

Ahora que ha pasado algún tiempo, recuerdo con cariño todas aquellas charlas, de las que tanto aprendí. Recuerdo su apacible rostro que encajaba perfectamente en su cuerpo medianamente obeso y ligeramente bajo de estatura; uno de esos cuerpos que parecen ser el prototipo de las personas de buen carácter, honestas y bonachonas.

Recuerdo con cariño a ese ser humano, a ese hombre, y me parece ver en él a un guerreo en pie de lucha, siempre listo para enfrentar y resolver todos los problemas y desafíos que la vida nos da a lo largo de nuestra existencia.

Pienso que él, en ese hombre que, sin un ápice de maldad ni malicia, trató de hacerme comprender, por medio de sus pláticas, todas las vicisitudes y vejaciones que tendría que recibir de la vida, las que tarde o temprano tendrían que aparecer. Comprendí que las lecciones aprendidas por este medio serían las que me darían la sabiduría necesaria para que me fuera más fácil enfrentar, confrontar y resolver los retos y desafíos que fuera encontrando en el futuro.

Yo creo que los seres humanos podemos aprender mucho de la vida, así como también de nuestros semejantes, estando muy al pendiente de obtener el mayor provecho posible de todas las situaciones que vayamos enfrentando, bien sean éstas adversas o favorables; siempre podremos aprender las sabias lecciones que la vida nos ofrece; todo lo que tenemos que hacer para lograrlo es ser receptivos y captarlas.

Es de mucha importancia estar siempre alerta si queremos obtener buenos resultados, y, sobretodo, debemos ser capaces de comprender las lecciones implícitas en las experiencias que la existencia constantemente nos da. Yo, por ejemplo, aprendí mucho de esta persona, a quien siempre consideré mi amigo.

En una de las muchas conversaciones que sostuvimos me decía: "Yo tuve una juventud sumamente turbulenta, llena de desengaños, sinsabores, amargas experiencias y desilusiones que me conducían, me arrastraban hasta el mero borde de la desesperación". La lucha fue cruel y despiadada. Con suma frecuencia sentía que mi vida, que era un torbellino, me impulsaba sin piedad a una encrucijada, a un callejón sin salida, donde tenía que luchar desesperadamente y sin cuartel para no caer a lo más profundo del abismo.

Tuve que hacer esfuerzos sobrenaturales para salir de algunas situaciones desesperantes en las cuales las circunstancias me habían obligado a caer.

Al parecer, mi amigo era una de esos individuos que, por causas desconocidas, son víctimas del infortunio, habiendo sufrido lo insufrible de todas las inclemencias de la vida; o pudo haber sido su propio destino el que lo condujo a todos esos eventos en los cuales sin saberlo, sin desearlo y sin haberlo planeado, fue empujado por esa corriente de circunstancias indeseables de las que fue víctima. O, muy bien pudo haber sido el dedo de Dios el que iba trazando su camino

Recuerdo muy bien el capítulo de su vida en el que se lamentaba amargamente de las situaciones tan difíciles por las que había tenido que pasar durante mucho tiempo. En su niñez—me decía—había sufrido mucho por el hecho de haber sido producto de un matrimonio fracasado; por tal motivo, creció sin el calor de un hogar y sin nadie que lo guiara, sin nadie que le indicara qué camino tomar, sin nadie que le brindara cariño y amor, menos aún, alguien que lo consolara en sus momentos de angustia, o alguien que lo alentara para seguir adelante. Pero como él decía: "Se sufre, pero se aprende". Sí, Andrés, se aprende cuando se quiere aprender, pero, cuando no hay deseo ni voluntad todo es en vano, nunca aprenderemos nada.

La voluntad y el deseo juegan un papel muy importante en el aprendizaje de las lecciones que el correr de los años nos ofrece, por medio de las experiencias vividas. Si hay el deseo de aprender, aprenderemos; desde luego que, además del deseo, debe haber voluntad. Me decía: si quieres sacar algún provecho de tus experiencias, observa y aprende.

En toda mi niñez—se lamentaba—no hubo ni una sola alma caritativa que me explicara el porqué de esta situación tan precaria en la que me encontraba.

Si bien había muchas personas que se daban cuenta de lo difícil de las condiciones por la que atravesaba, no hubo un solo prójimo que se acercara a mí a darme una palabra de consuelo.

Para una persona adulta que tenga una situación de naturaleza parecida a la mía, sería fácil de comprenderla; para un niño, tratar de resolver un enigma de esta naturaleza es algo imposible; el mundo de inseguridad en el que me encontré estaba fuera del alcance de mi comprensión.

Un niño que se encuentra viviendo la tragedia de una separación o un divorcio necesita comprensión, cariño y, sobre todo, mucho amor; si hay alguien que le pueda brindar este apoyo, el golpe será de leves consecuencias, aunque sí, causará angustia y desesperación. Cuando no hay apoyo de ninguna índole, causará grandes estragos en la mente de esa infeliz criatura, dejando huellas de resentimiento que lo acosarán y perseguirán a lo largo de la mayor parte de su existencia.

Cualquier persona adulta que haya vivido una infancia así podría atestiguar lo difícil que le fue aceptar la tragedia vivida bajo tales circunstancias.

En su juventud—se quejaba—de haber sufrido terribles fracasos, siendo uno de ellos, y tal vez el que más le había perjudicado, el gran fracaso de su matrimonio que, además de haberle causado un profundo dolor, le había arruinado la existencia. El matrimonio en el cual había apostado su futuro y el de sus hijos por venir, había sido un desastre de principio a fin.

En la fecha en que yo lo conocí ya se había divorciado y era el padre de varios hijos, los cuales había procreado en los pocos años infelices que había durado su matrimonio. La mujer que desposó, en la cual había depositado toda su confianza y todo su AMOR, lo había traicionado vilmente.

Eran sus hijos el principal motivo de sus preocupaciones, ya que como decía él: "LOS HIJOS SON UNA DE LAS RESPONSABILIDADES MÁS GRANDES DE TODO MATRIMONIO". La persona responsable siempre tendrá que llevar sobre sus espaldas el gran compromiso de hacer de sus hijos seres capaces de vivir y convivir en armonía con la naturaleza y con sus semejantes, sin causar daños ni hacer mal a nadie.

Andrés—me decía—: cuando yo era joven como tú, me pasaba largos ratos pensando en el futuro; hacía planes sobre lo que quería hacer de mi vida. Entre todas las cosas que planeaba y soñaba, había siempre algo que sobresalía, algo en la vida con lo que yo siempre soñé y anhelé con todas las fuerzas de mi corazón, con todo mi ser, con toda mi alma: encontrar una buena mujer con quien formar una familia, un hogar; deseaba tener en la vida un algo por lo cual luchar y que me hiciera tener fe en el futuro.

Tal vez estos sueños se originaron en mi infancia debido a la falta de un hogar que el destino o las circunstancias me negaron. El tiempo pasó y, casi sin darme cuenta, de pronto me encontré frente a un altar realizando el primero de mis sueños: el MATRIMONIO. Una vez terminados los ritos de esta ceremonia en la que mi esposa y yo nos juramos amor eterno, pasamos a la fiesta que de antemano habíamos preparado para dar cumplimiento a las costumbres impuestas por la sociedad.

Aún sin haber terminado el agasajo de la boda, decidimos retirarnos para dar principio a nuestra vida conyugal. Nos dirigimos a una ciudad cercana, para pasar nuestra luna de miel. En esa nuestra primera noche como marido y mujer, después de besarnos y acariciarnos voluptuosamente, pasamos a gozar y satisfacer nuestros deseos hasta el cansancio, logrando así obtener nuestro primer acto sexual.

Fue ahí, en esa primera noche; después de haber tenido nuestro primer apareamiento, que decidí reiterar a mi esposa lo que ya con anterioridad le había revelado concerniente al matrimonio y a la familia.

Le dije con palabras que salían del fondo, de lo más profundo de mi ser: Para mí el matrimonio es algo sagrado; si yo decidí casarme ha sido no sólo por el placer que el sexo nos otorga, sino tener a una mujer a la que yo quisiera y comprendiera para, juntos, establecer un hogar y procrear nuestros hijos, creando así una familia que pudiéramos educar y disfrutar plenamente.

Le decía: Siempre he soñado con una esposa dulce, tierna y cariñosa, que me comprendiera y me diera hijos; una mujer buena y comprensiva con la cual formar un hogar; una mujer a la que pudiera amar con toda mi alma, dedicar todo mi tiempo y energía a complacerla, comprenderla y hacerla feliz. Crear un ambiente lleno de ternura, comprensión y amor. Un hogar donde reinara la paz, la tranquilidad y la felicidad. Un hogar, donde nuestros hijos pudieran crecer sanos, felices y contentos; donde se sintieran queridos, comprendidos y amados.

Todas aquellas ilusiones con las que tanto había soñado se fueron desvaneciendo lentamente conforme pasaba el tiempo—me decía José, mi amigo—. Fue poco después de nuestro matrimonio y antes de que naciera nuestro primer bebé, cuando empecé a notar que la actitud de mi esposa había cambiado; ya no era la misma de antes de casarnos, ni mucho menos la de los primeros días después de la boda; su actitud rara y desconcertante hizo nacer en mi mente un sinnúmero de ideas que ponían en duda la sinceridad, la honestidad y el amor que esta mujer me había jurado; no sólo a mí en la intimidad, sino ante toda una concurrencia, cuando nos encontrábamos frente al altar y ante un sacerdote.

Pasó el tiempo. Después de algunas pláticas en las que traté en vano de convencerla para que cambiara su actitud, me sentía defraudado al ver con tristeza su hermetismo. Me daba la impresión de que ni siquiera escuchaba mis palabras.

Poco tiempo después me di cuenta de su falsedad y del enigma que, a cualquier costo, trataba de ocultar. La persona en la que había depositado todas mis ilusiones: Me había engañado. El secreto que escondía era de lo más cruel y despiadado que una mujer puede cometer en contra de un hombre, de un hombre que como yo, había puesto todos sus sueños y esperanzas en el matrimonio; en ese matrimonio en el que esperaba encontrar toda la felicidad que tanto deseaba

Había empleado la mentira para engañarme. La mentira por sí sola es aborrecida. De muy mal gusto, algunas veces inconcebiblemente inhumana e intensamente odiada. Hay algunas mentira que aunque no sean del todo buenas son aceptables. La mentira piadosa, como la que se emplea para hacer el bien, que muchas de las veces se usa con fines benéficos sin ningún fin malévolo que pudiera hacer mal, herir o causar daño a alguien; la mentira mala, pecaminosa y perversa, como la que empleó esta mujer para engañarme, es algo detestable que no tiene nombre.

La verdad es respetada y bien recibida en la sociedad humana; pero si se sabe que algo no es verdadero, y se tiene el conocimiento que no es un error, no se está respetando la verdad; se está convirtiendo en una mentira. Cuando se sabe la verdad y se cambia por falsedad, es cuando se está mintiendo, estamos incurriendo en una odiosa traición que causará en la mente una herida tan profunda que tardará tiempo en sanar.

El engaño que cometió esta mujer es algo inconcebible: Embarazarse de otro hombre unos días antes de nuestro matrimonio. Mi respeto y mi confianza por esta mujer que fue mi novia y después mi esposa fueron absolutos; jamás sostuve relaciones sexuales con ella antes del matrimonio. ¿Qué fue lo que ocasionó esta tan desagradable situación? ¡Jamás lo sabré! Sólo sé que yo entablé una relación amorosa con esta dama con mi pecho y pensamiento libres de maldad, y con el solo propósito de encontrar la esposa con la que tanto había soñado; mi proyecto siempre fue sano y bien intencionado.

Ahora pienso: ¿Por qué fui tan ingenuo y me dejé llevar por la influencia seductora de esta mujer? ¿Por qué no dediqué un poco de tiempo a investigar qué clase de alma tenía? Si sólo hubiera tenido la paciencia para dejar pasar el tiempo y, posponer la fecha de nuestro matrimonio, tal vez las cosas hubieran sido diferentes. Eso es lo que creo yo Andrés, pero, el creer o pensar que algo pudo haber sido no fue, es una forma de pensar inútil que de nada sirve; ya que, como dice el dicho. "palo dado ni Dios lo quita".

Todo ocurrió en una forma inesperada; uno de esos eventos que solo ocurren en las grandes ciudades donde, habiendo tanta gente, es casi imposible saber con quién estas tratando. En una ciudad pequeña las cosas son diferentes ya que algunas de las gentes, por lo general, se conocen de toda la vida

Continuando con el tema anterior—dice mi amigo José—no fue sino hasta el nacimiento del primer bebé, que según ella había sido prematuro—nació un mes antes de tiempo—. Después de preguntar al Doctor si el recién nacido se había adelantado, me contesto: este bebe es normal, y ha nacido a su debido tiempo. Con esto pude constatar el gran perjurio que esta mala mujer había consumado. Ahora comprendía por qué todos los esfuerzos que yo hacía para abrir un diálogo entre nosotros ya en nuestra vida marital, eran un rotundo fracaso.

El único fin que yo perseguía antes del nacimiento del primer bebé, era el de que hubiera una mejor relación y un mejor entendimiento entre ambos; esto con la única intención de que el hijo que ya llevaba dentro de sus entrañas, y que estaba por nacer, llegara al mundo a ese hogar lleno de amor con el que tanto soñé.

Después de mucho pensarlo, y con gran dolor de mi corazón, había llegado a la conclusión de que lo mejor para todos sería que yo aceptara la situación del modo que ésta se había presentado. Todo lo que deseaba y esperaba, era que ella aceptara su error y fuera sincera conmigo, para así tener un nuevo principio sentado sobre las bases firmes de la sinceridad.

Todas las razones que traté de exponer fueron echadas en saco roto; ella me escuchaba sin argumentar nada; únicamente veía a su alrededor con una mirada vaga, sin tener un punto fijo, como si estuviera viendo en su interior. Tal vez era la voz de su conciencia que le reprochaba todo lo malo y perverso de la acción que había perpetrado. Al parecer no escuchaba mis palabras, se mostraba sumergida en sus propios pensamientos. Ella nunca cambió, su primer hijo nació.

Éste es un capítulo de mi vida escabroso y de muy mal gusto; ya habrá otra ocasión en la que pueda continuar con esta plática, que he querido confiarte con el único fin de que tú hagas conciencia y aprendas—si es que así lo deseas—algo de mis experiencias. La maldad existe en todos lados y en todas formas; sobre todo en las grandes urbes como ésta en la que vivimos. Ten mucho cuidado al escoger la mujer que ha de ser tu esposa y madre de tus hijos. Dedica un poco de tiempo a investigar su procedencia; de esto depende no sólo tu futuro, sino el de tu familia.

Yo sé que cuando estamos jóvenes y buscamos una compañera, no tenemos experiencia y algunas de las veces no contamos con alguien que nos guíe. Nuestros padres no se preocupan aconsejarnos al respecto, y si lo hacen, las más de las veces hacemos caso omiso. Todo esto es muy complicado. Además, hay otro factor que influye mucho en esto de encontrar y seleccionar la media naranja, la mujer de nuestros sueños, y éste es la falta de sinceridad de los pretendientes: "CARAS VEMOS, CORAZONES NO SABEMOS".

Por lo general no enseñamos la cara verdadera; enseñamos una máscara con la cual tratamos de cubrir nuestros defectos, y creemos que nos ayudará a conquistar al ser que nos gusta o deseamos. Debes tener en cuenta que una mala selección podría arruinar tu vida, echando abajo, derrumbando ese mundo de ilusiones con el que hubieres soñado. Sé cuidadoso; encomienda tu destino a DIOS para que te ilumine, te guíe y, ponga en tu camino a una buena mujer que te dé hijos y te haga feliz. Este fue uno de los mejores consejos que recibí de José.

Al hacer una pequeña pausa, Margarita interrumpe y dice: Mi amor, no quisiera interrumpir la plática; además de amena es muy interesante. Hay en ella lecciones que podemos aprender y enseñar a nuestros hijos. Pero recuerda, tenemos unos pequeñines que atender.

Ha pasado ya bastante tiempo sin darnos cuenta de lo que los niños están haciendo, y debido a lo interesante de la plática, el tiempo se ha pasado sin darnos cuenta. Nos hemos olvidado por completo de nuestros hijos, no sabemos dónde andan o qué están haciendo. Lo mejor será ir a buscarlos, llevarlos a la habitación a que se aseen un poco e ir directamente al comedor. Me imagino que han de estar hambrientos y sedientos después de haber corrido y jugado toda la tarde.

—Está bien, querida, tienes toda la razón. Yo iré a buscarlos, los traeré aquí para que todos juntos vayamos a tomar algunos alimentos.

Andrés caminó un poco para llegar a la piscina donde se paró a observar a sus hijos antes de llamarlos; ellos se encontraban tan entretenidos jugando que pasó desapercibida la presencia de su padre. Después de ver lo contentos que se encontraban, decidió dejarlos disfrutar unos minutos más, al término de los cuales los llamó. ¡Amado!, ¡Amarisa!, vengan y tengan cuidado con su hermanito para que no se vaya a caer. Con tanta agua fuera de la piscina el piso está muy resbaloso.

Ya todos reunidos, emprenden su camino rumbo a la habitación. Los tres niños tratan de hablar a la vez para exponer las experiencias vividas en esa tarde inolvidable, por lo cual Margarita tiene que intervenir. Hijos...., hijos, tengan calma. Si todos hablan al mismo tiempo será muy difícil entender lo que quieren decir; así que, calmados. A ver, Justito, habla tú primero. ¿Qué es lo que quieres decir?

¡Mami! mami: Amado y Amarisa me dejaron solito por un buen rato; sólo jugaban entre ellos olvidándose de mí, pero luego llegaron otros niños chiquitos como yo y me puse a jugar con ellos. —Si, mamá, es cierto lo que dice Justito—contesta Amado—. Tuvimos que hacerlo porque, como no sabe nadar, lo dejamos donde el agua es menos profunda, que es en el chapoteadero, pero de cualquier modo estuvimos al pendiente que no fuera a pasar nada. ¿Verdad que sí, Amarisa? ¡Si Mami, estuvimos muy al pendiente de que estuviera bien!

—Bueno, hijos, ya llegamos dice Andrés al introducir la llave para abrir la puerta de la habitación. Pero, antes de que vayan a cambiarse de ropa y asearse un poco, quiero hacerles una recomendación. Recuerden son una familia y deben mantenerse unidos, especialmente cuando puede haber algún peligro. Lo ocurrido en la piscina no estuvo del todo mal, pero yo creo que hubiera estado mejor si ustedes, los más grandes, se hubieran quedado

DESAFIANDO AL FUTURO

lo más cerca posible de su hermanito para que él no tuviera miedo. Bueno, ahora vayan a vestirse para irnos todos al comedor.

Al llegar al comedor, lo primero que hacen es buscar una mesa donde puedan acomodarse todos juntos para después ir a seleccionar los platillos que más le agraden. Éste es un servicio tipo buffet.

Ya todos reunidos y con la comida frente a ellos dan principio a disfrutar de los alimentos, los chiquillos reanudan su conversación con el mismo entusiasmo que habían empezado en su camino a la habitación, con excepción de Justito, que esta vez, en lugar de hablar, se dedica única y exclusivamente a engullir la comida.

Su apetito es tan voraz que al parecer no le da tiempo de ver ni escuchar a los demás: sólo come, come y come. Ya terminada la deliciosa cena, y de regreso a la habitación, los chicos muestran en su rostro cansancio extremo; tal parece que todo lo que tienen en mente es ir a sus camas a dormir y disfrutar de una noche de descanso que les devuelva la energía perdida en éste su primer día de vacaciones.

—Mi amor, —dice Margarita—. ¿Me podrías esperar en el balcón? Estaré contigo tan pronto como los chicos hagan lo que tienen que hacer antes de ir a la cama. —Sí, querida, te estaré esperando—. Sólo pasan unos minutos y Margarita hace su aparición, como siempre, con una sonrisa dibujada en su rostro, muestra de satisfacción y felicidad.

Andrés siente sus pasos y volteando hacia ella le dice: Ven, acércate a mí, querida. Disfrutemos del hermoso espectáculo que nos brinda esta noche llena de encanto. La luna ilumina todo con su luz tenue y apacible, dándole un toque de paz y tranquilidad. —Es una noche ensoñadora, de ésas que existen sólo en los sueños—. El sólo hecho de encontrarme aquí, junto a ti, en este lugar paradisíaco, me hace sentir como si estuviera fuera de este mundo, en un lugar donde únicamente existen paz, tranquilidad, felicidad y amor.

—Todo parece ser tal como lo acabas de describir—. Una fantasía que sólo existe en los sueños; pero no, esto no es una fantasía, es una realidad que estamos viviendo aquí y ahora; debemos disfrutar el momento al máximo sacando el mayor provecho posible de este tiempo maravilloso que estamos viviendo; tal vez nunca volvamos a tener una oportunidad como ésta; recuerda, hay que vivir el momento, el aquí y ahora es lo que más nos debe importar.

El tiempo pasa y se va, dejando tan sólo recuerdos; disfrutemos ahora que podemos, ya que se ha presentado la ocasión, hoy es el día, mañana será demasiado tarde. Andrés hace una pausa en su comentario, y luego dice: Yo creo vamos a sacar mucho provecho de estas vacaciones. ¿Tú, qué crees, querida?

Bueno, yo diría que esta noche parece ser una de esas noches novelescas o fantasiosas, que sólo existen en la mente de algunos soñadores que se profundizan tanto en sus ensueños, que llegan a creer que todo lo que están soñando es real; pero para nosotros esto no es un sueño, es una realidad que estamos viviendo.

Levantando su mano hacia el cielo estrellado dice a su esposo: Mira, observa esa luna llena, que con su luz ilumina todo el panorama convirtiéndolo en un oasis de tranquilidad, y nos transporta a lo más profundo de nuestro ser, donde podemos encontrar la calma necesaria que nos haga disfrutar estos momentos felices que estamos viviendo, porque como tú dices: Hay que vivir el ahora y no dejar que este momento de felicidad se nos vaya sin haberlo disfrutado; una vez que se va, se convierte en ayer, y lo pasado nunca volverá.

Así, en estas condiciones ensoñadoras, pero reales, los esposos Cortazon pasan un buena parte de esa noche cálida y sensual en la que no sólo observan lo hermoso de este lugar encantador, al mismo tiempo, admiran el firmamento con sus millones y millones de estrellas que tintinean lejos,

DESAFIANDO AL FUTURO

muy lejos, en lo más profundo del universo, lo cual los hace soñar y los trasporta al mundo de los sueños. Aprovechan estas condiciones para contarse sus experiencias vividas y hacen planes para el futuro.

Andrés piensa que es el momento oportuno para exponer las lecciones aprendidas de aquel buen amigo José. Aquel inolvidable ser humano del que tanto aprendió, y sin cuya ayuda y consejos, tal vez nunca hubiera sido posible hacer realidad sus sueños.

Ahora que estamos viviendo estos momentos tan felices me hacen recordar a José, aquel amigo mío del cual te he hablado en otras ocasiones, ¿recuerdas? —Sí, querido—. Es aquel amigo que, según decías en tu última plática, sufrió mucho debido al fracaso de su matrimonio. Si mal no recuerdo, fue aquel infeliz individuo al cual la vida le hizo una mala jugada. —Exactamente—. Me gustaría continuar con esta plática porque quiero hacerte partícipe de lo mucho que aprendí de este señor al describirme con tanta realidad esa oscura etapa de su vida personal, en la que había sufrido tan crueles decepciones.

Recuerdo con tristeza aquellos momentos en que él, con su rostro saturado de angustia, que reflejaba el enorme desconsuelo que invadía todo su ser—me decía—: Fueron condiciones deplorables en las que llegó a este mundo ese primer bebé. Yo me sentía muy, muy triste. Ella veía a su pequeño bebé con desprecio; cuando fijaba su mirada en la inocente criatura, se notaba en su rostro que lo hacía con vergüenza, y no sólo no lo quería, sino que no lo soportaba.

Al ver su actitud hacia éste pequeño y desafortunado ser humano no sabía qué pensar, ni qué hacer ni cómo actuar; mi cabeza y todo mi ser se encontraban en un estado de shock que es sumamente difícil describir. Ella se mostraba indiferente, como si nada hubiera pasado; me daba la impresión de que el arribo de este inocente recién nacido no era de su agrado, y, según su actitud de indiferencia y desprecio, ella no lo deseaba.

Pasó el primer mes de vida del bebé. La relación entre mi esposa y yo, seguía siendo tensa, aunque había mejorado un poco debido a la preocupación de mi parte por el bienestar del recién nacido El pequeño lloraba con bastante frecuencia, especialmente durante la noche. Esto, como es lógico en los padres primerizos, me mortificaba mucho, especialmente a mí, ya que a veces ella no se daba cuenta de lo que estaba ocurriendo. Tenía que ser yo quien la despertara para que amamantara al bebé y lo calmara; o bien, tratara de encontrar la causa por la cual lloraba con tanta frecuencia.

En un principio fueron varias las ocasiones en las que optamos por llevar al pequeño a una sala de emergencia, en la que los doctores, después de revisarlo de pies a cabeza y no encontrar nada anormal, terminaban mandándonos a casa, haciendo de nuestro conocimiento que el bebé no tenía nada, y que era muy normal que los bebés a esa temprana edad se comportaran de esa manera, ya que se estaban adaptando a una nueva forma de vida.

Después de esta experiencia, y aprendida la lección, nos despreocupamos un poco del recién nacido y nos concentramos en vigilar que no estuviera sucio ni mojado. Lo atendíamos en sus necesidades alimenticias, y estábamos muy al pendiente de que éstas se efectuaran a las horas correspondientes.

La situación entre mi esposa y yo seguía sin resolverse—prosiguió José—aunque un poco bajo control; no obstante, yo seguía obstinado en tratar de cambiar el escenario. El fin que yo perseguía era que ella aceptara su falta. No con la idea de hacerla sufrir o herirla, sino más bien con el propósito de que fuera sincera con ella misma y aceptara su error para que pudiera ser feliz. Esto me haría tener más esperanza y tener fe en que nuestro futuro cambiara en beneficio de ambos.

Un cambio de actitud sería beneficioso no sólo para ella, sino para la familia que recién habíamos formado; además, ese cambio traería consigo un gran alivio, que me daría confianza para seguir luchando en pos de ese

DESAFIANDO AL FUTURO

futuro con el que había soñado, ya que fui yo quien apostó todo su capital de ilusiones en el matrimonio. Yo fui el ingenuo que apostó y perdió la apuesta más grande de su vida. El tan sólo recordar esa fatídica etapa de mi vida me pone de nervios y me acongoja; fue una situación que, aunque es mucho el tiempo que ha pasad, cada vez que pienso en ella me hace sentir muy triste y melancólico, de lo que pudo haber sido y no fue.

Cuando menos lo esperábamos, mi esposa se embarazó nuevamente. Nuestras relaciones sexuales, aunque no eran normales ni frecuentes, sí se daban ocasionalmente. Esto me molestó mucho, dadas las circunstancias por las que atravesábamos en nuestra relación conyugal.

Me era sumamente difícil aceptar tener hijos por el solo hecho de tenerlos y satisfacer nuestros instintos sexuales; por tal motivo, yo seguía insistiendo en que nuestra situación tenía que mejorar, que debería haber un mejor entendimiento entre ambos que nos devolviera la confianza. Ella debería comprender que el error que había cometido era el causante de este problema que nos había ubicado en una posición tan desesperante como la que estábamos viviendo.

Ocasionalmente cuando nos involucrábamos en el sexo, le suplicaba con vehemencia que aceptara su error y fuera sincera no sólo con ella misma, sino conmigo. Todas mis súplicas salían sobrando; la contestación de ella era siempre la misma: ¡Si no quieres que tengamos más hijos, todo lo que tienes que hacer es no tocarme!

Como podrás ver —me comentaba mi muy respetado amigo—yo desde un principio traté de poner todo lo que estaba de mi parte, con el fin de que llegáramos a ese punto de encuentro, a ese punto de convergencia donde nuestras almas se fundieran en una sola, manteniendo, como es natural, nuestras propias personalidades. Traté en vano de hacerla comprender que era sumamente necesaria e importante esa correlación estrecha que debería existir en la relación de pareja.

Fueron muchas las pláticas en las que yo, con vehemencia, trataba inútilmente de convencerla que lo pasado ya no existía para mí, que yo ya había olvidado todo lo ocurrido y que, aunque, si había quedado la profunda huella de resentimiento por tan fatal incidente, a ese capítulo ya le había puesto punto final. Todos esos tragos amargos que había pasado, eso, ya pertenecía al pasado, aun el rencor había logrado extirparlo de mi mente para que no se interpusiera en nuestra convivencia.

Todos mis esfuerzos fueron frustrados debidos principalmente a sus aberraciones y a la falta de honestidad de su parte, así como también a la poca confianza que siempre me demostró. Me hacía pensar que tal vez, además de la mala jugada que me había hecho, debería haber algo en su pasado que nublaba su mente y entorpecía sus sentidos, haciendo sumamente difícil que pudiera aceptar, comprender y extirpar aquello que estaba dañando seriamente, no sólo su vida, sino la mía y la relación de cordialidad que debería haber entre nosotros.

Yo creo que para que el amor exista en toda su plenitud debe haber honestidad; es necesario que ambos cónyuges se presenten el uno hacia el otro tal como son, sin máscaras ni actuaciones hipócritas que los hagan proyectar y aparentar una imagen que no les corresponde, todas esas falsas apariencias que hipócritamente adoptan algunas personas tratando de mostrar lo que no son, creyendo que la simulación los hará verse diferentes ante los ojos de la persona a la cual tratan de seducir.

Todas esas apariencias hipócritas y deshonestas son artimañas usadas con bastante frecuencia por las parejas durante la etapa del noviazgo. Es sumamente necesario encontrar la forma de inducir a los jóvenes a que sean honestos y sinceros durante el noviazgo; sólo así se podría evitar la ruptura de la gran mayoría de los matrimonios fracasados.

Desde el momento en que se conocen, todos los pretendientes que tratan de encontrar su pareja con fines matrimoniales, y con el deseo principal de formar una familia, deberían presentarse tal cual son, sin trucos maliciosos ni apariencias deshonestas; sólo bajo estas circunstancias el amor florecerá en toda su magnitud, y lograrán formar ese hogar con el que hubieren soñado.

De no ser así, el darse cuenta uno de ellos del engaño perpetuado por el otro, lo convertiría en una persona llena de odio y desconfianza que en el futuro pudiera causar daños irreparables a la pareja, los cuales llevarían a ambos a un caos irreversible, que causaría ineludiblemente el fin del matrimonio y la ruptura de la familia.

Todos esos engaños y actuaciones hipócritas fueron los causantes de mis penurias e infortunios. Durante los años de mi vida matrimonial todo fue como una pesadilla en la que solo había temor, angustia y desesperación.

Sí, Andrés. —me explicaba—Toda esta tragedia que yo viví con mi ex esposa fue lo que me dio la experiencia y abrió nuevos horizontes para mi realización como un ser humano. Siempre he tenido la noción de que la vida es la que nos enseña, y es de la que aprendemos mucho. Yo acepté esta lección y aprendí; aunque lleno de soledad, tristeza y amargura.

Ahora estoy tratando, por medio de todas mis experiencias, tropiezos y fracasos, de ayudar a los demás seres humanos a encontrarse a sí mismos, aprovechando todas las oportunidades que la vida nos da. El aprendizaje de las lecciones que recibimos a lo largo de nuestra existencia es la mejor forma de salir adelante, ya que la vida es el mejor maestro.

Me da mucho gusto—continúa diciendo mi amigo—el encontrarme con personas como tú, Andrés, jóvenes rebosantes de salud, con una mente sana, llenos de felicidad y con muchas ilusiones para el futuro, que sueñan con formar un hogar y tener una familia para disfrutarla plenamente. Es necesario que sepas que esto está reservado para todos aquellos individuos que sean capaces de encontrar una pareja con la cual puedan convivir en plena armonía.

Naturalmente que una vez encontrada la pareja, ambos tendrán que poner lo que esté de su parte para conservar una buena relación, no por medio de trucos y engaños, sino con honestidad y apego a la verdad.

Yo veo claramente que tú tienes todo lo que se necesita para lograr tus sueños de formar un hogar feliz: eres honesto, y lo más importante, tienes el deseo. Si eres capaz de encontrar esa mujer de mente sana, que sea honesta y comprensiva, que te quiera, te comprenda, y sobre todo, que tenga los mismos deseos, anhelos y aspiraciones que tú, entonces podrás convertirla en tu esposa y madre de tus hijos.

La unión en matrimonio de un hombre y una mujer es no sólo con el fin de gozar del sexo y procrear, sino para disfrutar plenamente de la vida tratando que haya siempre ese entendimiento mutuo que debería existir en toda pareja.

Es sumamente importante que tú, como protagonista y actor principal de tu destino, estés dispuesto a dar todo lo que esperas recibir; siendo así, y que la contraparte tenga los mismos deseos y sentimientos, ambos podrán ser merecedores de toda esa paz y tranquilidad que hay o que debe haber en todo matrimonio. Esto los hará disfrutar de un hogar y una adorable familia, lo que les proporcionará el ambiente adecuado para gozar y disfrutar de la vida, llenándolos de felicidad y bienestar, que es a lo que todos aspiramos.

Creo haber sacado muchas cosas buenas de todas esas pláticas y consejos que tuve con ese buen amigo—continúa Andrés—. Por cierto, hace mucho tiempo que no sé de él, dejé de frecuentarlo poco antes de casarnos, pero han quedado grabados en mi mente sus sabios consejos por los que me he guiado, que aún perduran y seguirán conmigo hasta el fin de mi existencia. Con mucha frecuencia me acuerdo de él, de sus pláticas y la peculiar forma de dirigirse a mí. Tal parecía como si hubiera querido ver en mí el personaje capaz de realizar los sueños que él no había alcanzado.

Fue muy notorio ver que él ponía mucho empeño en sus pláticas, como tratando de inducir en mí el conocimiento que a él la experiencia de vivir le había brindado. José era así, y todo el tiempo me decía: Pon mucha atención a todo lo que trato de enseñarte, muchacho; tal vez algún día puedas usar parte de mis conocimientos para que no tengas que sufrir en carne propia los ratos amargos que yo experimenté.

Cualquiera que haya sido su objetivo, a mí me ha beneficiado mucho, y hasta podría decir que todas las pláticas y consejos que recibí de él en aquel tiempo me sirvieron para moldear y dar forma a mi futuro, el cual ahora estoy viviendo y disfrutando.

Ahora me encuentro en pleno desarrollo de esa etapa de la vida con la que tanto soñé—dice Andrés. Fui y he sido muy afortunado desde muy temprana edad. En mi niñez tuve la capacidad de vislumbrar con claridad y beneplácito el futuro que me esperaba. En él podía ver la realización de todos aquellos sueños que invadían mi espíritu llenándolo de ilusiones, ilusiones que fueron las que me dieron la fuerza, la energía y, sobre todo, el coraje para enfrentar todos esos retos, todos esos desafíos que se fueron presentando a lo largo de esos años de lucha intensa que tuve que enfrentar para lograr este resultado.

Yo creo que toda esta dicha y felicidad que la vida me ha brindado ha sido el producto, no sólo de mi esfuerzo y mis decisiones, sino también de las pláticas, consejos y experiencias que aprendí, no sólo de mi amigo José, sino también de otras personas que fui encontrando a lo largo de todos esos años tan difíciles de la juventud.

Lo que yo pienso, y creo es lo más importante, es el haber sabido reconocer el camino que Dios, mi Dios, al que tanto amo y respeto, me fue indicando para qué, por medio de la intuición fuera capaz de seguir la ruta que El con su sabiduría me fue marcando, y así, lograra hacer realidad todas esas ilusiones con las que tanto había soñado

Te tengo a ti, que has sido como un ángel, dándome estos hijos que son como una bendición de Dios, que han venido a colmar nuestras vidas de alegría, dándole a nuestro matrimonio estabilidad, seguridad y tranquilidad, y sobre todo mucho amor.

Ese día tan especial en el que te conocí, fue sin lugar a duda el día más maravilloso de mi vida. Recuerdo el momento preciso en que nos encontramos: me miraste, te mire. En ese instante sentí que todo mi ser se iluminaba, se llenaba de fulgor y entré en un estado subconsciente que al parecer me trasportaba a un mundo nuevo, a un mundo desconocido en el cual nunca antes había estado. Fue algo que invadió mi espíritu y lo llenó de placidez.

Recuerdo que cuando nuestras miradas se encontraron por primera vez, hubo una reacción que hizo vibrar todo mi ser. En ese momento inolvidable fue cuando, desde lo más profundo de mi alma, tuve el presentimiento de haber descubierto a la mujer con la había soñado.

De inmediato nació en mi mente la idea de buscar algún pretexto que me diera la oportunidad de acercarme a ti. Me quedé extasiado, mirándote y pensando: debo luchar con toda mi inteligencia y toda mi fuerza para hacer posible en alguna forma, estar cerca de ti y hacer de tu conocimiento mis sentimientos.

El único pensamiento que vino a mi mente en ese preciso momento, fue el de dirigir mis pasos hacia ti. La gran sorpresa para mí fue que cuando salí de mi letargo ya estaba justo frente a ti, y cuando salí del estado de aturdimiento en el que me encontraba, extendí mis manos para saludarte, como si hubieras sido una persona a la cual conocía por mucho tiempo.

Observé con asombro que tu mirada aún estaba fija en mí. Sin ningún titubeo extendiste tus manos aceptando las mías. Tal pareciera que nos hubiésemos conocido desde mucho tiempo atrás. Ese día ha pasado a formar parte de mi historia personal, y será tal vez el día más importante de mi vida.

Nuestro encuentro fue así. Recuerdo muy bien ese instante, cuando sentí por primera vez la suavidad de tus manos y el apenas sensible calorcito que de ellas emanaba. Fue entonces que te dijo: "Señorita, mi nombre

DESAFIANDO AL FUTURO

es Andrés, y tengo la impresión de que nos hemos visto antes, mas no puedo recordar dónde ni cuándo". A lo que tú contestaste: "Yo tengo la misma impresión que usted, mas tampoco recuerdo en qué lugar fue nuestro encuentro". Bueno . . . , repliqué yo. "Tal vez fue el destino el que hizo que nos encontráramos por primera vez creando la imagen de habernos conocido antes". Así fue nuestro primer encuentro. Ese fue, es y será siempre el momento más agradable y feliz de mi vida.

Margarita, que ha estado escuchando a su marido con mucho ínterés, se muestra muy complacida y dice: Mi amor, toda tu plática ha sido muy interesante, pero lo que más me ha gustado ha sido esa última parte de tu conversación, por la que me he dado cuenta del porqué de ese gran amor que sientes por mí, de lo mucho que estimas nuestro matrimonio y del gran amor que sientes por nuestros hijos. Ojalá Dios todo poderoso te conserve muchos años lleno de salud, y mantenga siempre en tu mente todos esos pensamientos, deseos y actitudes que tan buen resultado te han dado.

El gran deseo que siempre has llevado dentro de ti ha sido el motor que te ha impulsado a realizar todas las ilusiones con las que habías soñado durante toda tu vida.

Ahora que has realizad todos aquellos sueños que tanto acariciaste en tu juventud, veo con beneplácito que has sido capaz de lograr la familia que tanto deseabas. Y no sólo eso, sino que también has tenido el tino necesaria para guiar y conducir este matrimonio, este hogar y esta familia a ese lugar fantasioso donde reina el amor y la felicidad.

Yo estoy en la mejor disposición de cooperar en todo lo que sea posible para que todos esos deseos que llevas en tu mente se mantengan siempre vivos y latentes para que, entre ambos, podamos fomentar y mantener esta forma de vivir disfrutando de ella todo el tiempo que Dios con su divina gracia nos conceda.

Gracias, mi amor, dice Andrés a su amada. Contemplándola con una mirada llena de amor y ternura, la abraza depositando un beso en su mejilla y le dice: Todo esto ha sido posible; lo hemos logrado juntos, gracias a tu gran sentido de responsabilidad y comprensión, así como también, a la mucha tolerancia que siempre has tenido hacia mí, perdonando todos mis errores y todas mis faltas, sin ninguna réplica, ni una pregunta de por qué, y ni mucho menos, un reto o desafío.

Gracias a Dios, en nuestro matrimonio todo ha sido comprensión y entendimiento, lo cual ha hecho que mientras más tiempo pasa, más te quiera.

Tú eres la persona a la que más quiero y respeto en la vida. Eres la personificación de ese ser maravilloso con el que siempre había soñado. Eres un ángel que ha venido a hacer realidades todos mis sueños, mis ilusiones y anhelos. Eres la persona que más me ha querido en este mundo, me has sabido entender brindándome siempre todo tu amor y comprensión; además, eres la mujer que me ha dado ese gran apoyo moral sin el cual nada de esto hubiera sido posible.

Después de un largo rato, y habiendo disfrutado plenamente todo lo que esta noche encantadora les había brindado, Margarita dice: Amor, quisiera que esta noche encantadora se extendiera por toda una eternidad; pero es demasiado tarde, debemos descansar. Los niños estarán listos muy temprano, así que vamos a dormir y esperar que el nuevo día traiga consigo toda esa paz y tranquilidad que hemos venido a buscar.

A la mañana siguiente, los muchachos se despiertan muy temprano, listos para empezar el nuevo día. Con mucha cautela y hablando en voz baja tratan de encontrar todo lo necesario para estar listos, y, en cuanto despierten sus papás, irse directos a la playa; aunque tal vez tengan que pasar al comedor a tomar algún bocadillo, o bien, un desayuno completo, dependiendo de lo que digan los adultos.

Pasa muy poco tiempo que a los desesperados chicos les ha parecido una eternidad, Margarita, que es la primera en despertar, dice: Buenos días, hijos. ¿Cómo pasaron la noche, durmieron bien? Sí, mami, contesta

Amado con la felicidad reflejada en su rostro. Estamos listos para ir a la playa; tenemos todo lo necesario, sólo esperamos a que ustedes salgan de la cama para que nos lleven.

Andrés, que acaba de despertarse, pregunta: ¿Qué pasa, querida? —Tus hijos, que están desesperados por ir a la playa; así que apurémonos para que estos chicos puedan ir a divertirse—. Sí, sí, tenemos que ir a la playa pero hay que desayunar primero; porque recuerda, si los chavos comen bien ahora, podrán divertirse sin parar hasta la hora de la comida.

Después del desayuno, toda la familia se dirige a la playa donde pasan la mañana disfrutando de las olas del mar, el maravilloso entorno y la cálida temperatura peculiar de la zona costera y de esta época del año. Habiendo disfrutado por varias horas de ese ambiente acogedor, deciden ir en busca de algo que comer para en seguida ir a descansar un poco; ya comidos y descansados, regresar a donde las albercas a disfrutar del resto del día.

Ya muy avanzada la tarde, propiamente en las primeras horas de la noche, Andrés y Margarita deciden ir a buscar a sus pequeñuelos, los cuales se encuentran jugando y correteando alrededor la alberca sin percatarse de la hora que es; es casi de noche, el día ha terminado y la noche empieza a hacer su aparición trayendo consigo la oscuridad.

Los chicos han estado tan felices que no se han dado cuenta del tiempo transcurrido.

De pronto escuchan la voz de su papá, que les habla diciendo: ¡Niños, es hora de irnos a la habitación! Recuerden que hay que bañarse, arreglarse un poco y cambiar de ropa para poder bajar al comedor a cenar. Me imagino que deben estar con mucho apetito.

Sí, papi, —contesta Amarisa—. Ya vamos—dice Amado, tomando de la mano a su hermanito—. Después de recoger las toallas y demás pertenencias, echan a correr en dirección de la entrada del hotel, seguidos muy de cerca por sus padres, los cuales los vigilan esperando poder auxiliarlos en caso necesario.

Una vez en la habitación, Andrés atiende a Justito, en tanto que Amado y Amarisa toman turnos en la regadera. Margarita intenta arreglarse un poco, aunque sea de carrerita, ya que muy pronto los chicos estarán pidiendo su ropa para poder vestirse e ir a satisfacer su apetito. Todos se arreglan rápidamente, con espíritu de cordialidad y buen humor; entre pláticas y risas, la familia completa llega al lugar que todos deseaban: EL COMEDOR.

Una vez terminada la cena y habiendo satisfecho su deseo, toda la familia Cortazon se dirige a su habitación en busca de una buena cama donde poder reposar y descansar después de tan agitado día en este lugar, donde todos han disfrutado al máximo.

Ahora, lo que hay en la mente de todos, pero principalmente en la de los niños, es entregarse en los brazos de Morfeo. Como era de esperarse, este día de vacaciones estuvo lleno de ajetreo, y mucha, pero mucha diversión, lo cual ocasionó un cansancio extremo; todos están listos para disfrutar de un buena noche de descanso.

En las primeras horas de la mañana siguiente, todos se encuentran profundamente dormidos, con excepción de Margarita, que es la primera en despertar, y al darse cuenta de la hora que es, sale de la cama rápidamente y exclama: ¡Hijos! ¡Andrés, despierten! Es hora de levantarse; ya está amaneciendo, y si no nos apuramos a salir de la habitación lo más pronto posible e ir en busca de la playa, estaremos perdiendo lo mejor del día, que es temprano en la mañana, cuando la temperatura es más agradable y se puede disfrutar del mar y el hermoso panorama que éste nos ofrece. Recuerden, el día en que llegamos era un poco tarde y el sol ya se había puesto un tanto inclemente.

Al parecer, Andrés es el único que ha escuchado la voz de Margarita. Rápidamente se incorpora y empieza a llamar a los chicos por su nombre. Éstos ni siquiera habían escuchado a su madre cuando les habló, y siguen profundamente dormidos, por lo que Andrés se ve obligado a despertar a

DESAFIANDO AL FUTURO

cada uno de ellos, moviéndolos y hablándoles en un tono de voz un poco más severo que el de Margarita.

¡Vamos, niños!, ¡Amado, hijo, despierta ya! Al decir esto lo sacude ligeramente y Amado empieza a despertar. Al abrir los ojos y ver a su padre frente a él, le dice: Papi, ¿me puedo quedar un poco más en la cama? Estoy muy cansado.

—No, hijo. Tus hermanitos han despertado ya, y están saliendo de la cama para arreglarse e irnos a la playa, tu tendrás que hacer lo mismo lo más rápido posible; de no ser así, estaremos perdiéndonos de disfrutar de esta hermosa mañana.

Todos se encuentran listos para salir, y entre pláticas y risas salen rumbo al pasillo que los pondrá en las afueras de la parte trasera del hotel; el único que falta es Amado que, como fue el último en levantarse, está un poco atrasado.

Al verse solo, apresuradamente recoge sus sandalias y con ellas en la mano sale corriendo para reunirse con el resto de la familia; todo el grupo se encuentra esperando a unos pasos de la habitación, por lo que al ver al niño salir, Margarita le dice: Cierras bien la puerta, hijo. Date prisa, que todos estamos ansiosos por llegar a la playa.

La playa se encuentra muy cerca del hotel, a escasos cien metros; todo lo que tienen que hacer para llegar es atravesar el área donde se encuentran las albercas, pasar por una parte jardineada que tiene algunos arbustos, los cuales bloquean la vista del mar. Sólo escuchan el rugir de éste y el estruendo que forman las olas al golpear las rocas de un acantilado cercano.

La mañana está un poco oscura, por lo que tomaran la banqueta adoquinada que los pondrá exactamente donde principia la arena de la playa, y por fin podrán ver el mar en toda su magnitud. El espectáculo es extraordinariamente hermoso, especialmente durante las primeras horas de la mañana, cuando el astro rey enseña los primeros rayos de luz en el horizonte.

Sólo bastan unos instantes para admirar tanta belleza, y quedar confundido y embelesado de ver tan hermoso amanecer, uno de esos panoramas que transportan al observador al más allá y lo ponen en contacto con lo infinito, causando una sensación de calma, paz y placidez.

Después de admirar tanta belleza, la feliz pareja en compañía de sus pequeños, van en busca de un lugar lo más cercano posible al mar donde puedan acomodarse, dejar sus pertenencias e ir con los niños a disfrutar de las aguas refrescantes que brinda el océano durante esta época tan calurosa del año.

Así pasa éste y los días siguientes en los que la Familia completa disfruta de las distintas actividades que este centro de recreo ofrece a sus huéspedes.

Pasan algunos días; las vacaciones están por terminar. Es una bonita mañana; las pláticas y risas muestran la alegría de esta familia. Todos se dirigen nuevamente a la playa donde podrán disfrutar de la refrescante brisa y el hermoso panorama que el océano y todo su entorno les ofrece. Al llegar a la playa, Andrés advierte a los muchachos de los diferentes peligros a los que están expuestos, y lo que deben hacer en caso de emergencia. Dicho esto, Andrés y Margarita van en busca de un lugar desde donde podrán estar al pendiente de sus hijos.

Ya instalados en sus respectivos asientos, Margarita dice a su esposo: Andrés, mi amor, te das cuenta de que nuestras vacaciones están a punto de terminar; sólo nos quedan dos días, así que hay que aprovechar el tiempo que nos queda disfrutando y descansando lo más que se pueda. Una vez de regreso a casa la vida para nosotros y los chicos volverá a su ritmo normal. La única diferencia es que ahora, con el descanso, y lo mucho que disfrutamos las vacaciones, nos sentiremos mejor y con más ánimo para emprender nuestras labores cotidianas.

Ahora que mencionamos las vacaciones, dice Margarita, quiero darte las gracias por este tiempo maravilloso que hemos disfrutado toda la

DESAFIANDO AL FUTURO

familia a la orilla del mar, y en un lugar tan divino como éste. Todo ha sido posible gracias a tu buena voluntad y a tu gran sentido de responsabilidad y complacencia. Siempre haces todo lo posible por complacernos, dándonos todo lo necesario para evitarnos carencias de toda índole.

Constantemente he tenido en mi pensamiento que tú eres el hombre que Dios puso en mi camino para hacerme feliz, llenando mi vida de dicha y prosperidad. Me has dado tres hijos maravillosos que han sido la alegría de nuestro hogar, y el complemento de nuestra familia. Sólo le pido a Dios que te conserve muchos años llenos de salud, mantenga en tu mente el deseo y te dé la sabiduría necesaria para seguir guiando esta familia por el buen camino.

Margarita, dice Andrés a su amada. Soy yo el que está muy agradecido, y debo darte las gracias no sólo por el hecho de ser mi esposa y haberme dado esos tres extraordinarios hijos, sino también por haber llegado a mi vida en el momento en que más te necesitaba; apareciste en ese instante en que mi nave estaba a punto zozobrar, colmando mi existencia de felicidad, fortaleciendo mi fe y mi esperanza que estaban a punto de desaparecer. Fuiste tú la que vino a cambiar ese mundo de tristeza y soledad en el que me encontraba, en un mundo lleno de amor y ternura, donde todas mis sueños e ilusiones se han convertido en realidad.

Dime tú, ¿qué más puede pedir o esperar una persona de la vida cuando lo tiene todo? Yo te tengo a ti, tú eres todo para mí. El tenerte a mi lado me da una satisfacción inédita que jamás hubiera experimentado si no hubiera sido por aquel inesperado día en el que te conocí. Recordarlo hace que mi alma y todo mi ser se sientan henchidos de felicidad. Siempre que recuerdo ese feliz momento doy gracias al Creador por haberte puesto en mi camino.

Todo lo que soy, toda esta felicidad de la que ahora disfruto te la debo a ti; sin ti, nada de esto hubiera sido posible. Tú eres la piedra angular en la que se ha cimentado nuestro hogar, y tú, con tu bondad y firmeza de carácter, has sido lo suficientemente fuerte para mantenerlo a flote durante todo este tiempo; has sido paciente, desafiando todas las adversidades.

Sólo una persona como tú, amable, cariñosa, comprensiva y con ese gran sentido de responsabilidad, es capaz de lograr un hogar como el que ahora disfrutamos. Para que una familia crezca y se desarrolle en un ambiente sano, sin malicia ni maldad, es necesario que el amor sea el elemento principal; el amor simple y desinteresado es el lazo que mantiene unidas a las familias. Tú me has dado todo tu amor y has hecho de mí un hombre al cual ni los peores vendavales serían capaces de hacerlo cambiar de rumbo.

Esto que te he dicho es lo que llevo dentro, muy dentro de mí ser, y es lo que me hace admirarte, amarte y respetarte. ¡Te amo con pasión, mi amor! No dejemos que nada ni nadie se interponga entre nosotros para poder disfrutar de nuestra compañía por el resto de nuestras vidas, y ver con beneplácito la realización de nuestros hijos, producto de nuestro amor.

Qué lindo eres, querido, dice Margarita. Así como tú, yo también tengo mucho que agradecerte. Eres la encarnación viva del hombre con el que tanto soñé; eso lo comprendí desde aquel feliz momento en que te conocí. No sé qué me pasó. En el instante en que te vi, mi mirada se quedó fija en ti, y tal parecía como si el tiempo y todo el escenario que estaba viviendo en ese momento se hubieran detenido, quedando mi espíritu y todo mi ser flotando en el espacio; sólo mi mente trabajaba a un ritmo vertiginoso, y fue cuando pensé: este es mi hombre; es el hombre con el que siempre soñé. Todo pasó tan de prisa, que cuando salí de mi letargo todo lo que pude ver fue tu persona justo frente a mí, con tus manos extendidas estrechando las mías. ¡Qué hermoso momento!

¿Cómo pasó todo esto? No lo sé. Tal vez nunca lo sabremos ni tú ni yo. Lo que sí sé es que ha sido el momento más maravilloso de mi vida. Sabía que tarde o temprano te tenía que encontrar, pero nunca jamás pensé que sería en una forma tan casual e inesperada.

Desde ese momento el panorama de mi vida cambió por completo. Todo ha sido esplendoroso, y desde ese momento hasta la fecha mi vida ha sido pura felicidad. ¿Qué quiere decir esto? Que somos el uno para el otro, y que todo se lo debemos al destino, que fue el que nos unió. Además, no hay que olvidar que Dios es el que marca el destino de todos los seres, y que es Él quien hizo posible nuestro encuentro.

—Tienes razón, —dice Andrés—. Todo lo que dices es verdad. Pero hay que considerar que nosotros hemos puesto de nuestra parte todo lo que nos fue posible para lograr que nuestro encuentro convirtiera nuestros sueños en realidad; sin el gran deseo que ambos teníamos de formar un hogar lleno de amor y ternura, donde pudiéramos procrear nuestra propia familia, nada de lo que ahora estamos viviendo hubiera sido posible.

Tal parece que cuando una persona tiene un deseo intenso dentro de sí, y hace todo lo posible por lograrlo, el universo entero se pone de su lado para que ese deseo se convierta en realidad. Esto es lo que ha pasado en nuestro caso: ambos sabíamos lo que queríamos, teníamos el mismo deseo e hicimos todo lo posible por lograrlo; por eso fue que, teniendo todo a nuestro favor, el destino se encargó de reunirnos para que nuestros deseos se hicieran realidad.

—Mi amor, —dice Margarita—, es tiempo de acercarnos a los niños para jugar con ellos antes de retirarnos de la playa. Nuestras vacaciones están a punto de terminar, y nosotros, por estar tan involucrados en nuestra plática, hemos desatendido esa parte tan importante que es la de divertirnos junto con ellos y gozar de su niñez que pronto se irá para jamás regresar.

Sin duda alguna hemos estado muy al pendiente, pero también es muy necesario que pasemos más tiempo juntos para poder disfrutarlos, y sobre todo para que aumente su confianza en nosotros. Es bueno que tanto tú como yo, dediquemos una buena parte de nuestro tiempo a jugar con ellos y divertirnos todos juntos; no sólo ahora que estamos de vacaciones, sino cada vez que nos sea posible.

Está bien, querida; como siempre, tienes toda la razón. Yo sé que debemos estar más tiempo con ellos, especialmente ahora que estamos de vacaciones. Es muy necesario que haya una estrecha relación entre padres e hijos, no sólo ahora que estamos de recreo, sino en todas partes y en todas las ocasiones; sólo así podrá haber comunicación, que es la única forma infalible para que haya un mejor entendimiento entre ambos.

FIN DE LAS VACACIONES Y EL REGRESO A CASA

E L TIEMPO SIGUE su marcha. Los días pasan más rápido de lo que ellos quisieran; pero la vida es así, todo viene y se va, todo lo que empieza tiene que terminar; por ende, las tan esperadas vacaciones de la familia Cortazon están llegando a su fin.

Al parecer, el tiempo se ha esfumado, ha desaparecido, y los días han transcurrido sin sentir, dejándoles tan sólo los gratos recuerdos, recuerdos de aquellos momentos tan felices que toda la familia disfrutara durante su estadía en este lugar paradisíaco.

Sin duda alguna, las memorias de estas vacaciones vendrán a sus pensamientos con frecuencia, y serán ocasionalmente tema de sus futuras conversaciones.

Ahora, ya cansados de toda una semana de recreo, sólo mantienen el deseo de regresar a casa ¡Hogar, dulce hogar! Todos felices y contentos hacen planes de lo que harán tan pronto estén de regreso en casa.

Los niños tendrán mucho tiempo libre antes de regresar al plantel educativo; sólo papá y mamá estarán muy ocupados, debido a que, además de su rutina diaria de trabajo, tendrán que encontrar la forma de mantener a los chicos ocupados. Hay que recordar que para ellos las vacaciones de fin de año apenas dieron principio una semana antes de salir hacia la playa.

Toda la familia se encuentra muy ocupada tratando de dar acomodo a todas sus pertenencias que en un principio eran bastantes. Hora, con todas las bagatelas que han comprado, se encuentran con un gran dilema:

no encuentran la forma de dar acomodo a tantas cosas. Por fin, Andrés, ya cansado de batallar y no encontrar suficiente espacio donde poder acomodar todos los cachivaches que se encuentran frente a él, voltea hacia sus hijos que se encuentran todos paraditos observándolo, y dice: Niños, es imposible acomodar tantas cosas en tan poco espacio, así que tendremos que abandonar algunas de las cosas que traíamos, o bien, deshacernos de algo que recién compramos.

Margarita sale del baño justo en ese momento, y dice: Andrés, no te preocupes tanto, mi amor. Haz lo que tengas que hacer; deja lo que haya que dejar, pero debemos darnos prisa.

La hora de salida es a la una de la tarde y ya pasa de las doce, así que lo mejor será que yo termine de acomodar las cosas en lo que tú vas a la Administración a saldar la cuenta.

—Está bien, querida, lo que dices me parece razonable—. Tú termina de empacar en lo que yo voy a solicitar el pase de salida.

Pasan unos minutos, cuando Andrés llega acompañado del maletero, y dice: Mi amor, todo está listo para partir. Este señor nos hará el favor de llevar todo al auto; alguien más se encargará de traerlo y colocarlo frente a la puerta del hotel. Espero tengas todo listo. Sí, mi amor, justo en el momento en que entrabas en la habitación cerré la última maleta. Muy bien, dice Andrés. Tomen las cosas que van a llevar de mano y dejemos que el maletero lleve el equipaje.

Al llegar a la puerta del hotel encuentran el auto listo; toman sus respectivos lugares. Felices y contentos inician su regreso a casa.

—Hijos, platiquen. ¿Cómo la han pasado? ¿Les gustó el lugar? O digan cuáles han sido sus impresiones. Quiero saber si han disfrutado y qué ha sido lo que más les ha gustado.

—Todo ha sido muy bonito—dice Amado—. Pero lo que a mí más me ha gustado es la comida. Preparan una comida tan buena que sólo por eso quisiera regresar.

—Sí, papi—afirma Justito, Yo creo que ésta es la mejor comida del mundo.

Tú, Amarisa ¿Qué opinas? ¿Estás de acuerdo con tus hermanitos?

—Yo no estoy de acuerdo con ellos—. La comida estaba buena, muy buena. Pero fue lo que monos me interesó. Mis hermanitos únicamente pensaban en comer. Yo comía porque tenía que comer, pero para mí eso era lo de menos. En este lugar bonito había tantas cosas hermosas que admirar que me quedaba con la boca abierta de ver lo grande y majestuoso del océano, el universo infinito que esconde tanto misterio y nos hace soñar en descubrir qué es lo que hay en el más allá.

Los paisajes de los que disfrutamos fueron algo encantador; los atardeceres, que en sí fueron algo excepcional. Recuerdo aquella hermosa mañana que llegamos a la playa cuando aún estaba oscuro. Pude admirar la luz del nuevo día que poco a poco aumentaba su intensidad haciendo que la oscuridad fuera desapareciendo lentamente. Fue en ese momento que pude admirar el sol cuando empezó a enseñar su esplendorosa majestuosidad en el horizonte.

Fueron todas estas cosas, y no la comida, las que más me interesaron. El haber pasado tanto tiempo junto a toda la familia, haberme divertido y jugado tanto con mis hermanitos es lo que ha llenado de alegría todos estos días y me ha hecho soñar en que algún día tendré que regresar. ¿Cómo? No lo sé, pero sí sé que algún día regresaré.

—Hija, te felicito—. Eres una soñadora, y los soñadores son los que por lo general logran hacer realidad gran parte de lo soñado. Soñar, es lo que te hará pensar y descubrir cosas nuevas a las cuales se puede llegar sólo por medio de los sueños.

Niños, ¿han escuchado a su hermanita? Aprendan a soñar. Soñar les dará alas para volar, y por medio de los sueños podrán volar y llegar muy lejos, tan lejos como su imaginación y sus deseos los lleven. Y, recuerden: soñar, imaginar y desear son los componentes que debe haber para extraer del océano de las posibilidades todos aquellos sueños fantasiosos para incorporarlos al mundo de la realidad.

En esta forma cordial y amistosa es como da principio la charla que la familia Cortazon mantendrá hasta llegar a casa; aunque, para decir verdad, los niños estarán dormidos mucho antes de la hora de su llegada.

Andrés, como piloto del vehículo, tendrá que mantenerse con los ojos bien abiertos y, sin importar el cansancio, tendrá que mantenerse firme frente al volante. Margarita, que es la copiloto, deberá tratar de mantener a su esposo alerta por medio de la conversación, o bien ofreciéndole algún dulcecillo o algo por el estilo. En caso de sentirse vencida por la monotonía del camino, podrá de vez en cuando tomar un descanso durmiendo unos minutitos, lo cual la despabilará y le refrescará la mente para poder continuar la plática con su esposo.

Al llegar a casa, con el auto ya en la cochera, Andrés dice a su esposa: Amor, despierta a Amado. El puede caminar hasta su cama; yo cargaré a Amarisa. Si quieres ve y prepara las camas en lo que regreso por Justito. Después regresaremos por las maletas.

A la mañana siguiente, todos se platican unos a otros las experiencias obtenidas durante sus vacaciones, haciendo partícipe a Catita, que se encuentra dándoles la bienvenida, platicándole todas sus aventuras. La empleada doméstica al verlos tan alegres les dice: Qué bueno que se hayan divertido mucho en esa semana de descanso en la playa, y con el tiempo que les queda de vacaciones, estarán listos para comenzar el siguiente año escolar.

Cata—dice Margarita—. Hay que ir preparando el desayuno. El Señor no tarda en salir de la cama, y me imagino que estará con muy buen apetito, al igual que todos nosotros. Empieza a preparar lo que puedas, estaré contigo en unos minutos.

Niños, acompáñenme. Vamos a desempacar todo lo que necesiten para asearse e ir al comedor. Más tarde sacaré todo lo que quede en las maletas. Iré a preparar el desayuno. Los espero en el comedor.

Andrés es el primero en llegar. Se va directo hasta la cocina en busca de una buena y aromática taza de café. Buenos días, amor. ¿Cómo pasaste la noche?

—Yo muy bien—contesta Margarita—, Y tú ¿dormiste bien?

—Claro que dormí muy bien, estaba tremendamente cansado debido a lo mucho que se alargó el viaje; primero por el tiempo que perdimos cuando paramos a comer, y después por la pequeña dificultad que tuvimos con el auto, que, aunque no fue la gran cosa, me puso de nervios, y eso fue lo que más me agotó. Hoy desperté muy contento, con el espíritu muy en alto, listo para continuar con mi trabajo y cumplir con mis obligaciones. ¿Puedes darme mi cafecito? Me sentaré a la mesa a disfrutarlo en lo que llegan los chicos.

Ya terminado el desayuno, Andrés pregunta a los niños le hagan el favor de ir a divertirse fuera del recinto; que los dejen solos porque tienen algo que discutir en privado.

Una vez solos—Margarita pregunta a su esposo—: ¿Qué es de lo quieres que hablemos, querido?

Quiero recordarte que los muchachos van a tener mucho tiempo libre antes de regresar a la escuela, y creo que es muy necesario planear cómo los vamos a tener ocupados durante todo este tiempo, porque recuerda: "La ociosidad es la madre de todos los vicios"

—Sí, querido, entiendo tu preocupación y he estado pensando al respecto—. Yo creo que lo mejor sería que buscáramos una buena escuela de verano donde puedan tomar un curso que los mantenga ocupados, y sobre todo, donde puedan aprender algo que los beneficie en el futuro. El que más me preocupa es Amado; va a empezar su educación secundaria, y sería muy bueno encontrar un lugar donde pudieran darle alguna preparación; esto lo beneficiaría lo suficiente para evitar que el cambio lo afecte demasiado.

No creo que el cambio lo pueda a afectar, dice Andrés. Recuerda, Amado es un niño bastante bien equilibrado, comprende las cosas y sabe adaptarse a las circunstancias; pero sí le vendría muy bien tener conocimiento de cómo comportarse en su nuevo entorno. Esto le daría una buena ventaja sobre los alumnos que como él van a empezar el primer año de secundaria. Me tomaré un par de días para tratar de encontrar algo que puedan hacer, ya sea un campamento de verano o una escuela donde puedan divertirse y a la vez les ayude en su educación.

Es una norma muy fácil y sencilla la que este feliz matrimonio tiene para lograr lo que han logrado en los años que han vivido juntos, desde aquel inolvidable día en que unieron sus destinos con el matrimonio. Los elementos principales para lograr un resultado así son: Unión, compresión, respeto, tolerancia, cariño, y sobre todo AMOR, mucho AMOR.

* * *

El espíritu de maldad que existe en la mente humana es el que mantiene al hombre alejado de la razón. Cuando se le da rienda suelta, y no se le ponen límites, es capaz de hacer perder la razón a los individuos haciéndolos cometer locuras. Muchas veces ni ellos mismos comprenden el porqué de los actos salvajes que cometen.

Esto me hace pensar . . . . ¿Será esto algo que ya viene impreso en la mente humana desde el momento de nuestra concepción? ¿O caso es una costumbre que se originó en tiempos ancestrales, y que habiéndose desarrollado a través de los siglos, ha llegado hasta nosotros por medio de la cadena del tiempo? Sería muy bueno conocer su origen, aunque en realidad, lo más importante sería extirparlo de la conciencia humana. Tal vez esto sea imposible de lograr, pero sí podríamos hacer el intento.

¿Cómo podríamos intentarlo? Creo que si hay algo que podamos hacer, sería por medio de la familia. Que los padres eduquen a los hijos cimentando muy bien el concepto de hacer el bien a los demás, sin dejar que el mal se anide en sus corazones. Sería ilógico pensar que aún si fuéramos capaces de concebir, y desarrollar una familia ideal, las cosas serían perfectas ya que el mal y el espíritu de maldad han existido siempre y perdurará hasta el fin de la humanidad

Hay muchas personas que han sentido el deseo de saber el por qué a algunos individuos les es tan difícil adaptarse a la realidad de la vida. Esto es, ¿por qué se les dificulta tanto adaptarse a vivir en paz con su propio entorno y aceptarse a sí mismos tal y como son? Esto los hace pensar, ¿será acaso ese espíritu de maldad—que ya viene incluido en algunos seres humanos—el que los acecha constantemente y los incita a ir contra la corriente?

En todas las personas y en todas las etapas de la vida existen ocasiones en las que no estamos de acuerdo con nuestro modo de actuar. La gran mayoría de los individuos, al darse cuenta de lo que está sucediendo, son capaces de corregirse a sí mismos, logrando normalizar las actitudes y pensamientos equivocados.

¿Será acaso este fenómeno algo relacionado con el modo de pensar de las personas, o tal vez la mala formación que recibieron de sus padres? Me inclino a pensar que esto más bien se originó en los primeros años de vida, y que los padres, aun siendo parte fundamental en la formación de los hijos, no fueron capaces de visualizar este problema. Creo que casi todas estas personas sufrieron alguna clase de trauma durante la niñez, y fue lo que los afectó, causando ese desajuste mental que ahora sufren.

Algunos de los individuos que han recibido de sus padres una educación distorsionada, fuera de la realidad y de la verdad, son los que muchas veces no actúan de acuerdo con el escenario en el que se desenvuelven, lo cual da origen a que vean las cosas desde un punto de vista diferente al de los demás.

Estas personas son las que, al no funcionar bien dentro de la sociedad, al llegar al matrimonio tratan de imponer las mismas reglas con las que fueron educados, y esto, por lo general, ocasiona una cierta fricción entre los cónyuges, lo que hace imposible el buen funcionamiento del matrimonio.

Para tratar de corregir el rumbo equivocado en el que ha caído una parte de la humanidad, es necesario apostar todo nuestro futuro al buen funcionamiento de la familia y la buena educación de los hijos. Es necesario que en la sociedad humana haya más conciencia y se comprenda que, para lograr un cambio, es necesario el buen funcionamiento de la familia.

Si queremos sacar a esta parte de la sociedad del círculo vicioso en el que ha caído, es absolutamente necesario luchar y hacer todo lo que haya que hacer para que en estas familias y en todas las familias haya buena armonía, paz y entendimiento, para que los cónyuges puedan dar una buena formación a los hijos.

Como punto de partida, debemos poner énfasis y todos nuestros esfuerzos en la FAMILIA, y hacer que ésta funcione de la mejor forma posible; esto es si queremos cambiar el destino de la humanidad, porque, si no lo hacemos, podemos estar seguros que el mundo entero va camino a su propia destrucción.

El espíritu de maldad que ya mencioné anteriormente, existe en todas las etapas de la vida y en todas las sociedades, con una sola excepción: la "infancia", que es la edad de la inocencia pura. Toda regla tiene sus excepciones, y por ende, en la infancia debe haber casos en que los infantes traigan consigo la maldad, la cual puede ser detectada por los padres aún antes de que tengan uso de razón.

Creo yo que en ese lapso de la vida no hay ni un ápice de maldad; pero si, es casi al final de este periodo que da comienzo nuestro aprendizaje de la vida misma, es cuando empezamos a tener uso de razón y a comprender que hay cosas buenas y cosas malas, unas que nos dan alegría y otras que nos desagradan; cosas que nos hacen sentir bien y otras que nos hacen sentir mal. Hay, además, aquéllas que nos hieren y nos hacen sentir dolor, y las que nos emocionan dándonos bienestar, haciéndonos felices. Es en este espacio de tiempo que empezamos a comprender y nos damos cuenta de la existencia del bien y del mal.

DESAFIANDO AL FUTURO

¿Dónde adquirimos los primeros conocimientos? Principalmente en el seno familiar. En la familia es donde aprendemos las primeras lecciones de la vida, que nos fueron proporcionadas por nuestros padres. Son ellos los que se convierten en nuestros primeros profesores, y son ellos los que ejercerán la mayor influencia en nuestras vidas. Por tal motivo, es a ellos a quienes compete dirigir a los hijos y conducirlos por la vía correcta, sin dejar que se vayan a desviar, yéndose por la ruta fácil, el camino equivocado.

Es en la infancia cuando los padres deberán ser conscientes y enseñar a los hijos a distinguir entre el bien y el mal. En esta temprana edad es cuando el infante aprende todo con mucha facilidad. Es imperativo que los padres sean conscientes de esto, y traten de crear el ambiente adecuado para que estos pequeñines, aún sin saber ni tener uso de razón, puedan iniciarse a distinguir entre el bien y el mal. Así, cuando empiecen a tener huso de razón, les será más fácil distinguir lo que está bien y lo que está mal; al mismo tiempo, aprenderán a escoger el camino del bien y no el de la maldad.

Habrá necesidad de inculcar a los menores, una vez que tengan huso de razón, a que sean respetuosos y sepan respetar, en primer lugar a sus padres así como también a sus semejante; al mismo tiempo que les enseñamos el respeto debemos darles confianza, dándoles la oportunidad de comentar las cosas juntos—padres e hijos—para que cada cual exprese lo que piensa.

Hay que recordar aquella frase en latín que dice: "Ad astra per aspera", que quiere decir: "A la cumbre por lo áspero, por lo escabroso". Además, hay aquélla que dice: "No hay atajo sin trabajo", la que nos indica que "hay que sufrir para merecer". Todos estos proverbios o adagios nos indican que no hay camino fácil para llegar a la cima.

Debemos luchar arduamente y vencer muchos obstáculos que a menudo vienen acompañados de pena, dolor y sacrificios, además de los malos ratos y desengaños que sufriremos a lo largo del camino; esta lucha deberá ser intensa y sin cuartel, no sólo por cada uno de nosotros como individuos, sino por la sociedad en general. Sólo estando unidos, y con los mismos ideales, seremos capaces de hacer cambios en el futuro de la humanidad.

Es en el hogar, en el seno de la familia, donde los padres tendrán que ser muy cuidados en las reglas que impongan a los hijos, y cerciorarse de que éstas se cumplan por difíciles que parezcan. Por lo general, un reglamento nunca será fácil de comprender y observar para los chicos, pero hay que aplicarlo.

Debemos estar seguros de que las normas que implantemos sean razonables y estén siempre basadas en la verdad; además, ser muy cuidados para no desarrollar en ellos una tendencia servil, que muy bien podría encausarlos en el camino de la sumisión; esto no les sería nada provechoso, ya que sólo los encaminaría a seguir ordenes y no tener iniciativa propia

Hay quienes aseguran que la familia se debe educar con un poco de frío y un poco de hambre, pero eso sí, con mucho amor. El amor es la parte principal que debe haber para que un familia funcione bien.

Me imagino que cuando se habla de educar a la familia con un poco de hambre y un poco de frío, es con el fin de hacer comprender a los padres que deben ser conscientes y no dar a los hijos todo lo que piden o desean, aun en el caso de que sean hijos ejemplares y sean merecedores de lo que solicitan. Esto desarrollará en la familia el espíritu de compromiso que los hará comprender que en este mundo hay carencias de toda índole, y que tienen que aprender a ser responsables y cuidadosos con nuestro entorno.

Cuando hablamos de AMOR, sabemos que el amor lo es todo; por eso, cuando educamos a la familia y lo hacemos con amor, los resultados serán positivos

Todos los intentos de cambio en la sociedad deberán originarse en la familia, que es donde empieza la educación. Nosotros como sociedad debemos pugnar por tener un sistema educativo que afirme todos los conocimientos adquiridos en el hogar, sí, pero que también corrija algunas de las malas costumbres adquiridas en esta primera etapa de formación.

DESAFIANDO AL FUTURO

Los padres de familia deberán tomar nota de todas las observaciones hechas a sus hijos en el plantel educativo, estudiarlas detenida y honestamente, corrigiendo lo que, según su criterio, tenga que ser corregido. En caso de no estar de acuerdo con las indicaciones hechas a sus hijos, deben comunicarse con la escuela para obtener una audiencia con el profesor o los profesores, y aclarar cualquier duda o mal entendido.

La honestidad deberá ser el mejor aliado de toda la gente a lo largo de su vida, pero principalmente en la paternidad, ya que es en esta circunstancia en la que se deberá ser un ejemplo para que los hijos puedan seguir los pasos de los padres y sean honestos en todo y por todo. Sería muy ventajoso, no sólo para la familia y la sociedad, sino para toda la humanidad, que todos los seres humanos viviéramos una vida basada siempre en la rectitud. Podemos estar seguros de que las cosas cambiarán, y el futuro del género humano será mejor.

El solo hecho de ser honestos con nosotros mismos nos haría sentir que hemos salido victoriosos en la primera batalla, y que éste sería un paso importantísimo en la lucha que debemos sostener para lograr un cambio en la sociedad. Aquí cabe recordar a don Juan Matus cuando decía: "Hay que ser guerreros en pie de lucha, y nunca bajar la guardia" Así que hay que luchar ardua e intensamente para lograr hacer realidad todo lo que queremos o deseamos, y no dejar que las fuerzas del mal nos agobien y derroten.

Muchos de los problemas se pueden corregir fácilmente en los primeros años de vida de las personas, y es a los padres a quienes corresponde esta ardua tarea de enseñar a los hijos a ser honestos con ellos mismos y con los demás. Esto no los hará inmunes a los embates de la vida, pero sí les dará una gran ventaja: fortalecerán el espíritu, y esto les ayudará a vencer el instinto de maldad y algunas de las debilidades individuales.

Sería bueno que los padres de familia comprendieran y enseñaran a sus hijos que la naturaleza del universo está predispuesta a los cambios. Desde el principio del tiempo el universo ha experimentado muchos cambios. Si queremos hacer que las cosas sean distintas en el ser humano y en el mundo en que habita, es necesario hacer modificaciones: sólo mediante el cambio podríamos cambiar de rumbo, y podemos estar seguros que el universo entero estará de nuestro lado. Recordemos que todo se originó gracias a la evolución.

El camino mundano y materialista que ha escogido una gran parte de la humanidad para regir su destino, es el camino equivocado. Siempre que pongamos el futuro del ser humano sólo en el materialismo, se estará cometiendo un error grave, y si no se cambia el rumbo, las consecuencias podrían ser desastrosas. Naturalmente que lo material existe y es parte esencial, no sólo del género humano, sino del mundo en toda su inmensidad.

A muy temprana edad, en los primeros años de la niñez, es cuando los mentores de las nuevas generaciones, padres y maestros, deberán inducir y guiar a los niños y jóvenes para que sus aspiraciones confluyan en el objetivo de mejorar no sólo la vida propia y de su familia, sino la de toda la sociedad. Todo parece señalar que el solo hecho de cambiar el sistema de la conveniencia propia por el de hacer lo que sea conveniente para toda la sociedad, sería el primer paso para cambiar de rumbo.

El procedimiento que se sigue en nuestros días, de enseñar a los hijos a que fijen su meta en algo que les convenga, sin tomar en cuenta si aquello a lo que los están induciendo es de su agrado, sólo los encaminan y los dirigen hacia aquello que creen más provechoso, sin tomar en cuenta las aspiraciones de los jóvenes.

Hay que recordar que todas las personas al nacer traen consigo su propia individualidad, la cual debe ser respetada; por ende, es necesario ser cuidadosos y dejar que los hijos expresen sus deseos acerca de lo que quieren hacer de sus vidas.

Este modo de promover en la familia el deseo de superación no está del todo mal, ya que los estamos incitando a que se superen. Esto es muy

DESAFIANDO AL FUTURO

bueno y provechoso, sobre todo si se hace de buena intención, sin herir a nadie, y mucho menos aprovecharse de la bondad de los demás.

El pequeño cambio que debemos hacer es enseñarlos a que vean no sólo por el bien propio, sino que sean conscientes de que lo que van a hacer sea bueno y beneficioso, no sólo para ellos, sino que beneficie a la sociedad en general, aunque sí, al final serán ellos los que reciban los beneficios de lo que hayan hecho bien, sin olvidar que tendrán que pagar por aquello que hayan hecho mal.

Sin lugar a duda, la conveniencia propia es lo que más atañe a la persona como individuo, pero ¿qué pasará con el resto de la sociedad, cuando toda la humanidad tenga su mira puesta en el mismo objetivo? Si la meta es tratar de mejorar y promover el bienestar social, sería fantástico; peo si no, sería una catástrofe

No es necesario profundizar mucho para llegar a una conclusión lógica que nos haga comprender lo erróneo y equivocado del camino por el cual con frecuencia estamos transitando. Sin embargo, es urgente poner atención y observar el comportamiento de la mayoría de las personas que únicamente se preocupan por el bien propio, sin darle importancia a lo que pueda ocurrir a sus semejantes, y mucho menos pensar si ese proceder puede causar mal a los demás. Su mirada está fija justa y exclusivamente en lo que tratan de realizar, aquello que tanto han deseado: sobresalir y llegar a su meta sin importar lo que tengan que hacer para lograrlo.

Si la meta de la mayoría de los miembros de la sociedad fuera, no sólo el mejoramiento propio, sino el de la población en general, las cosas serían muy distintas; pero ocurre todo lo contrario.

Con el fin de lograr su cometido, algunos de estos individuos pisotean no sólo los sentimientos y derechos de sus semejantes, sino que los despojan de algo que es de lo más íntimo y preciado del ser humano: la igualdad. El robar a otros ese derecho que por naturaleza les corresponde, los hacen sentirse inferiores, y cuando una persona no tiene el espíritu de lucha para contrarrestar este embate, se convertirá en un ser inservible, nulo y menospreciado.

Sin lugar a duda, ha sido mucho el avance que ha logrado la humanidad desde su origen. El progreso más grande se ha llevado a cabo durante los últimos siglos, y es en este lapso que, si bien hemos crecido enormemente, también es cierto que nos hemos salido del camino principal para caminar por la calzada que nos conducirá a la decadencia.

La calzada de la decadencia es un camino sin retorno: una vez que empezamos a recorrerlo tenemos que continuar, no hay marcha atrás. Lo que sí podemos hacer es ir más despacio, o bien, hacer un alto y considerar el trayecto que hemos recorrido, lo cual nos hará saber cuánto nos hemos desviado, y contemplar la posibilidad de encontrar otra ruta que nos haga regresar al lugar donde dio principio el error que nos condujo a tomar la senda equivocada.

Hay diferentes caminos que nos puede conducir a realizarnos, no sólo como individuos y dignos representantes de la sociedad en que vivimos, sino que, además, nos convertirían en íconos de la humanidad.

Todo lo que tenemos que hacer es seleccionar el camino correcto y empezar a recorrerlo desde el principio. ¿Dónde principia este camino? Se inicia en el momento de nuestro nacimiento, pero no es sino hasta cuando tenemos uso de razón cuando, en realidad da principio nuestra caminata. Entonces es cuando tenemos la gran oportunidad de aprender y darnos cuenta de que somos seres vivientes, que tenemos una vida que apenas comienza, que tal vez sea muy largo el camino que tenemos que recorrer.

Son nuestros padres los que tienen la obligación de iniciarnos en el camino adecuado; por tal motivo, todos los buenos deseos que tengamos de cambiar el futuro del mundo y de la sociedad humana deberán tener su origen en la familia sí, pero al mismo tiempo, es necesario cambiarnos a nosotros mismos. Además, todos los cambios deben tener su origen en la verdad, y sobre todo, es necesario estar seguros de que lo que queremos cambiar sea realmente lo que pretendemos, porque, queramos o no, esos cambios que deseamos, son los que vamos a concretar.

Cuando una persona, como individuo, quiere hacer un cambio en su vida, lo puede hacer, aunque no sea tarea muy fácil, pero lo puede lograr; cuando se trata de toda una sociedad, las cosas son muy diferentes, ya que es necesario que la sociedad en su conjunto piense y actúe de la misma manera, y esto, por mucho que se trabaje, es casi imposible de lograr.

Lo que podemos hacer cada uno individualmente, es tratar de iniciar un movimiento de concientización y hacer todo lo que sea humanamente posible para convencer a tantos individuos como nos sea posible de que es necesario un cambio en nuestra forma de vivir; que debemos de empezar por cambiarnos a nosotros mismos. Sólo así, con fe y esperanza, podríamos lograr que la sociedad en general, algún día, hiciera el cambio que tanto necesita.

Es sumamente necesario fomentar una juventud fuerte y sana, física y mentalmente, para que pueda resistir todo tipo de tribulaciones, dotada del ánimo y entusiasmo suficiente para hacer los cambios que la sociedad tanto requiere.

Únicamente con una juventud emanada de familias conscientes, que haya educado a los hijos en un régimen de honestidad, donde la familia completa sea consciente de sus actos y tengan conocimiento de las consecuencias que éstos pueden traerles, no sólo a ellos en el seno familiar, sino a la sociedad en su conjunto, podrán alcanzarse los ideales supremos a los que aspiramos para vivir mejor

No hay que olvidar que el mundo ofrece a los jóvenes toda clase de atractivos que muchas veces, son falsas ilusiones o meros espejismos que los atraen y los incitan a ir por caminos equivocados, con falsas promesas de enriquecerlos, haciéndolos creer que con el dinero lo pueden todo, cuando en realidad lo único que logran es la infelicidad, ya que el dinero no es nada imprescindible es tan sólo vanidad.

Si a todo esto agregamos el conocimiento de que lo que queremos realizar es lo que creemos que la humanidad necesita para cambiar de rumbo, estaremos realizando una labor, no sólo en beneficio del mundo y el género humano, sino para nosotros mismos y nuestros descendientes. Además, tendremos la gran satisfacción de haber contribuido con nuestro granito de arena al beneficio de todos, y esto nos dará una sensación de satisfacción, paz y tranquilidad.

Debemos tener presente que todos los cambios tienen un cierto grado de dificultad, y éste es de acuerdo a la magnitud del cambio que queremos realizar. Si el cambio es pequeño, no tendremos mucha dificultad para lograrlo; pero cuando el cambio es grande, se dificultará más para concretarlo.

Algunos estudiosos piensan que hay un movimiento generalizado en la humanidad hacia el cambio, y creen que, de seguir esta concientización, las cosas podrían ser distintas en un futuro no muy lejano.

La gente común muy bien podría constatar este cambio de conciencia y darse cuenta que, aunque las fuerzas del mal están siempre al acecho, tratando de imponer el deseo de la maldad en todos los seres humanos, el sentimiento del bien está ganando la delantera. Las fuerzas del bien tienen en jaque a las del mal, manteniendo la balanza inclinada hacia lo más deseable, si no la perfección, sí a lo mejor, que es lo más anhelado. El día que el mal rebase al bien vendrá la catástrofe. Lamentablemente estamos muy cerca de llegar a ese punto.

La intención es la fuerza universal que nos ayuda a crear y a realizar cambios, no solo en nosotros mismos, sino en todo, incluida la gente. Sería maravilloso que pudiéramos usar esta energía creadora para cambiar el rumbo de la humanidad.

Esta fuerza tiene la potencia para cambiarlo todo; así, lo que tenemos que hacer es usar la intención la voluntad para transformarnos a nosotros mismos e intentar cambiar a los demás, haciéndolos partícipes y conocedores de esta gran energía que el universo nos brinda. Para lograr cualquier cosa que queramos realizar, tenemos que intentarlo, porque si no lo intentamos, nunca sabremos si aquello que queríamos era factible o no.

El deseo, como tal, es tan sólo eso: un deseo. Para materializarlo y hacerlo realidad tenemos que valernos del intento es decir, de la tentativa o ensayo. Es preciso, pues, intentarlo.

Ahora bien, ya establecida la fuerza de la INTENCION, debemos aprovecharla para hacer las modificaciones que deseamos realizar. Si queremos cambiar el rumbo al que se dirige la humanidad, deberíamos, como individuos, intentarlo, empezando por hacer los cambios requeridos por nosotros. Cada persona tendrá que ser honesta, y valorarse a sí misma tratando de corregir sus errores y promover lo bueno, lo positivo.

La metamorfosis que cada sujeto tiene que hacer en su propia manera de ser sería el primer paso para transformar el camino equivocado que han tomado muchas familias dentro del conglomerado humano, situación que se torna gravemente dañina porque, por definición, la familia es, en todas las sociedades, la base no sólo de un estrato social, sino de la humanidad entera.

Así pues, si vemos que las situaciones familiares, observadas genéricamente, no marchan bien, habremos de ser los primeros en mejorar nuestro modo total de conducirnos hasta adquirir la autoridad moral suficiente para promover los cambios conductuales que se consideren positivos y necesarios para la evolución y el bienestar deseable de las familias dentro del entorno en que interactúan.

Una familia exitosa, por lo general emana de un noviazgo donde los novios se presentan el uno hacia el otro tal como son; sin usar caretas o máscaras con las que deshonestamente tratan de encubrir sus defectos. La falta de honestidad entre los novios, y aun en la correlación como pareja en el matrimonio, es uno de los motivos más frecuentes de la ruptura familiar.

En el contexto de este libro, se ha enfatizado la gran importancia que tiene la FAMILIA en el desarrollo y buen funcionamiento de la Sociedad.

Ahora bien, ¿qué debemos hacer para lograr que la familia funcione apropiadamente, conforme a los cánones considerados adecuados por las sociedades, sus costumbres y valores? Lo más indicado sería: encontrar formas y ofrecer modelos de comportamiento en el seno familiar. Esto se lograría empezando por educar a los jóvenes en forma tal que lleguen a ser conscientes de la gran responsabilidad que están adquiriendo al formar un hogar propio.

Demos el primer paso hacia la transformación del ser humano, empezando por realizar los cambios necesarios en nosotros mismos, propiciando y alentando los de nuestra familia. Tratemos de encontrar la forma de concientizar a la sociedad que nos rodea para que todos juntos, valiéndonos de la luz que da el conocimiento y la experiencia, podamos encontrar el sendero correcto que nos dirija hacia la innovación positiva de la humanidad. Podemos hacerlo. INTENTÉMOSLO.

Hay, además, otra institución que es la segunda más importante en el desarrollo humano: la educativa. Las instituciones educativas son parte fundamental de los adelantos y cambios que ha logrado la humanidad atreves de los siglos; por tal motivo, debemos pugnar para que el sistema educativo sea un sistema fuerte y bien definido, que pueda con eficacia, guiar a nuestros niños y jóvenes hasta convertirlos en hombres llenos de sabiduría, que además de educados, sean justos y honrados; solo por medio de los dos establecimientos más importantes: el familiar y el educativo, seremos capaces de enfrentarnos cara a cara con el destino y desafiarlo